Meditação
A primeira e última liberdade

OSHO

Meditação
A primeira e última liberdade

SEXTANTE

O texto deste livro foi selecionado a partir de várias palestras que Osho fez, em público, ao longo de mais de 30 anos. Todas elas foram publicadas na íntegra em texto e também podem ser encontradas como gravações de áudio. As gravações de áudio, assim como o arquivo completo dos textos, estão disponíveis on-line na Biblioteca OSHO – http://www.osho.com

tradução: Henrique Amat Rêgo Monteiro
preparo de originais: Carlos Irineu da Costa
revisão: Sérgio Bellinello Soares e Tereza da Rocha
projeto gráfico e diagramação: Valéria Teixeira
capa: Miriam Lerner
pré-impressão: ô de casa
impressão e acabamento: Lis Gráfica e Editora Ltda.

CIP-BRASIL. CATALOGAÇÃO-NA-FONTE
SINDICATO NACIONAL DOS EDITORES DE LIVROS, RJ

O91m Osho, 1931-1990
Meditação: a primeira e última liberdade / Osho; tradução de Henrique Amat Rêgo Monteiro. – Rio de Janeiro: Sextante, 2007.

Tradução de: Meditation – The first and last freedom

ISBN 978-85-7542-263-2

1. Meditação. 2. Vida espiritual. I. Título.

CDD 299.93
06-4382 CDU 299.9

Rua Voluntários da Pátria, 45 – Gr. 1.404 – Botafogo
22270-000 – Rio de Janeiro – RJ
Tel.: (21) 2286-9944 – Fax: (21) 2286-9244
E-mail: atendimento@esextante.com.br
www.sextante.com.br

SUMÁRIO

INTRODUÇÃO 11

PARTE 1: SOBRE A MEDITAÇÃO 15

O QUE É MEDITAÇÃO? 16

Testemunhar – o espírito da meditação 16

O DESABROCHAR DA MEDITAÇÃO 22

O grande silêncio 22

Cultivando a sensibilidade 23

Amor, a fragrância da meditação 24

Compaixão 25

Alegria permanente sem razão alguma 25

Inteligência: a capacidade de reagir 26

SOLIDÃO: A SUA NATUREZA INTERIOR 28

O seu eu verdadeiro 29

PARTE 2: A CIÊNCIA DA MEDITAÇÃO 31

MÉTODOS E MEDITAÇÕES 32

As técnicas são úteis 32

Comece se esforçando 33

Estes métodos são simples 34

Primeiro, entenda a técnica 35

O método certo dá resultado 36

Quando abandonar o método 37

SUGESTÕES PARA INICIANTES 40
Um bom espaço 40
O lugar certo 40
Fique à vontade 42
Comece pela catarse 42

ORIENTAÇÕES PARA ATINGIR A LIBERDADE 46
Os três elementos essenciais 46
Seja brincalhão 46
Seja paciente 47
Não espere resultados 48
Aprecie a não-percepção 48
As máquinas ajudam, mas não produzem a meditação 50
Você não é aquilo que vivencia 52

A MEDITAÇÃO É UM "JEITO" 55

PARTE 3: AS MEDITAÇÕES 57

OSHO: AS MEDITAÇÕES ATIVAS 58
Por que uma Meditação Ativa? 58
Métodos poderosos para o despertar 59
Um fenômeno relacionado à energia 60

OSHO: MEDITAÇÃO DINÂMICA 63
Catarse e celebração 63
Lembre-se, permaneça uma testemunha 65

OSHO: MEDITAÇÃO KUNDALINI 73

OSHO: MEDITAÇÃO NATARAJ 75

OSHO: MEDITAÇÃO NADABRAHMA 77
Nadabrahma para casais 78

QUALQUER COISA PODE SER MEDITAÇÃO 79
Correr, andar e nadar 79
Meditação pelo riso 82
Meditação do balbucio 83

RESPIRAÇÃO — UMA PONTE PARA A MEDITAÇÃO 84
Vipassana 84
Jogando coisas fora 89

ABRINDO O CORAÇÃO 90
Da cabeça ao coração 91
O coração da serenidade 93
A Meditação do Coração, de Atisha 96

CENTRANDO O INTERIOR 97
Abdullah 97
Encontrando a verdadeira fonte 98
O centro do ciclone 100
Quem sou eu? 107

OSHO: MEDITAÇÃO EM RODOPIO 108

MEDITAÇÕES SOBRE A LUZ 110
Meditação da Luz Dourada 110
Coração de Luz 112

MEDITAÇÕES SOBRE A ESCURIDÃO 115
Escuridão interior 116

MEDITANDO COM O SOM 120
Om 120
Devavani 122
O centro do som 124

DESCOBRINDO O ESPAÇO INTERIOR 128
Mergulhe no céu claro 128
Inclua tudo 129
Uma meditação para as viagens aéreas 131
Observando com o terceiro olho 132

OSHO: MEDITAÇÃO GOURISHANKAR 133

OSHO: MEDITAÇÃO DA MANDALA 135
Encontrando a testemunha 136
Tocando como uma pena 138

APENAS SENTE-SE 141
Zazen 141

APENAS OUÇA 143

OSHO: TERAPIAS DE MEDITAÇÃO 149

OSHO: MEDITAÇÃO DA ROSA MÍSTICA 150
Lágrimas e risos: uma limpeza para o coração 154

OSHO: MEDITAÇÃO DA NÃO-MENTE 157

OSHO: RENASCIMENTO 160

OSHO: LEMBRANDO-SE DA LINGUAGEM ESQUECIDA PARA FALAR COM O SEU CORPO-MENTE 162

PARTE 4: OBSTÁCULOS À MEDITAÇÃO 163

AS DUAS DIFICULDADES 164
O ego 164
A mente tagarela 172

FALSOS MÉTODOS 180
Meditação não é concentração 180
Meditação não é introspecção 183

ARMADILHAS DA MENTE 186
Não se engane com as experiências 186
A mente pode reaparecer 187
A mente pode enganá-lo 188

PARTE 5: RESPOSTAS ÀS PERGUNTAS SOBRE MEDITAÇÃO 191

Só uma testemunha pode realmente dançar 192
O ganso nunca esteve dentro! 196
O observador na montanha 201
Onde você deixou a sua bicicleta? 204
Apenas uma volta de 180 graus 209
Todos os caminhos se juntam na montanha 211
Celebrando a consciência 213
Conte os momentos de percepção 220
Simplifique as coisas o mais que puder 225
Testemunhar é como plantar sementes 229
Testemunhar é o bastante 235

AVISO AO LEITOR

Os conselhos e ensinamentos apresentados aqui não se destinam a substituir os cuidados de um médico, terapeuta ou psiquiatra. O livro também não pretende fornecer uma alternativa para o tratamento com um profissional da área médica nem oferece diagnóstico ou tratamento para quaisquer problemas clínicos ou psicológicos específicos que você possa ter. Algumas das meditações incluem atividades físicas exaustivas. Se você tiver qualquer razão para se preocupar com os efeitos dessas atividades sobre a sua saúde, consulte o seu médico antes de realizar as meditações.

INTRODUÇÃO

Assim como a ciência e a tecnologia, que modificaram o mundo exterior, foram sobretudo um fenômeno ocidental, a principal fonte de conhecimentos para transformar a nossa vida interior se originou no Oriente. Assim como a lâmpada, a meditação hoje é um fenômeno universal: a lâmpada ajuda a iluminar o mundo exterior enquanto a meditação ilumina o mundo interior.

À medida que a meditação se tornava universal, porém, surgiram muitos conceitos incorretos a seu respeito: dizem que é uma "religião" ou ainda que se resume a ficar sentado em posturas difíceis, com o tornozelo sobre o pescoço e uma expressão de beatitude para disfarçar o mal-estar, murmurando ou entoando um mantra esotérico.

Se você não gosta dessa forma de ver a meditação, leia este livro. Aqui a meditação é abordada de maneira simples, como um componente natural – e cada vez mais essencial – do estilo de vida contemporâneo.

Em sua essência, a meditação é a arte de manter-se alerta a tudo o que acontece dentro e fora de você.

Embora a meditação em si não seja uma técnica, muitos métodos apresentados neste livro ajudam a desenvolver a percepção. Depois de adquirir essa capacidade, a meditação pode se tornar a sua companheira onde quer que você esteja – no trabalho, em situações comuns da vida diária, em qualquer lugar.

Nós aprendemos que, para ter êxito na vida, precisamos nos esforçar, lutar, nos concentrar, fixar a atenção em alguma coisa. O problema desse ponto de vista é que quanto mais lutamos, mais tensos ficamos. E quanto mais tensos ficamos, pior é o nosso desempenho. Por outro lado, a meditação baseia-se no princípio de que, para rendermos o máximo em todos os momentos – e tirarmos o melhor proveito *de cada* momento –, precisamos relaxar, nos concentrar e elevar nossa percepção ao maior nível possível. Normalmente pensamos que para relaxar precisamos nos voltar para fora. A meditação nos possibilita o relaxamento por meio da interiorização.

As pressões da vida moderna são muito grandes: o mundo nunca foi tão instável para se viver e as pessoas nunca estiveram tão tensas. As técnicas desenvolvidas são perfeitamente adequadas às pessoas e à mentalidade contemporânea.

Se você é uma pessoa muito dinâmica – para quem, por exemplo, apenas "ficar sentado" parece impossível –, experimente as Meditações Ativas, a Meditação Dinâmica ou a Meditação Kundalini. Quem sabe não seja por causa de suas emoções guardadas que lhe pareça tão difícil ficar sentado em silêncio? Talvez você se sinta cansado demais para se manter acordado quando está sentado. Talvez queira apenas se mexer um pouco. As Meditações Ativas são perfeitas também nesses casos.

A capacidade de permanecer relaxado em meio à agitação diária é o que chamamos de "atenção sem esforço", que é a sensação fundamental da meditação. Portanto, mesmo que você esteja convencido de que não tem tempo algum para se dedicar à meditação, encontrará neste livro muitas técnicas que podem ser praticadas no dia-a-dia.

A meditação se baseia em um conhecimento simples: em vez de lutar contra a escuridão – o que seria impossível –, acenda a luz. Em vez de lutar contra nós mesmos, tentando viver segundo aquilo que outros imaginam que deveríamos ser, podemos começar aceitando o que somos agora. Osho sempre lembra às pessoas que, se a existência as convidou a estar aqui, elas não precisam da permissão de ninguém para se aceitarem como são.

Ao relaxar em relação a isso e deixar de fingir que somos diferentes daquilo que somos, ao deixar de lutar para impressionar os outros (que também se esforçam para nos impressionar), ao deixar de nos defender, desculpando a nós mesmos, ao parar de tentar esconder as nossas feridas e, em vez disso, abri-las para o ar e a luz, a cura acontece por si só.

Este livro vai ensiná-lo a acalmar a mente e o levará a descobrir como esse biocomputador inestimável pode ser o seu maior aliado. Também irá mostrar-lhe como encontrar o botão de "desligar". Quando precisar da mente, você poderá usá-la. Quando não precisar dela, poderá deixá-la descansar, pronta para quando for novamente necessária.

O supremo paradoxo da meditação é que *apenas* quando somos capazes de amar a nós mesmos nos tornamos capazes de compartilhar esse amor com os outros.

Somos todos diferentes uns dos outros, e cada um de nós requer uma abordagem diferente, por isso este livro apresenta uma grande variedade de técnicas e idéias para ajudá-lo a trilhar esse caminho. Os métodos apresentados foram elaborados sob medida para nossos tempos agitados.

Conforme Osho diz:

"Os antigos procedimentos da ioga não se aplicam mais ao nosso mundo. Hoje as pessoas não têm mais dias ou sequer horas para gastar. Precisamos de métodos que dêem resultados rápidos. Pratique aquilo que digo hoje e sinta o resultado imediatamente. Estamos na era do jato, na qual a meditação não pode se dar ao luxo de ser lenta: também ela precisa ser veloz."

PARTE 1

SOBRE A MEDITAÇÃO

O QUE É MEDITAÇÃO?

A meditação é uma aventura rumo ao desconhecido, a maior aventura que a mente humana é capaz de empreender.

A meditação é simplesmente ser, sem fazer nada – nenhuma ação, nenhum pensamento, nenhuma emoção. Você apenas é e isso é um grande prazer.

De onde vem o prazer de não estar fazendo nada?

Vem de lugar algum ou de todos os lugares. Não há uma causa, porque a existência é feita de algo chamado alegria.

Testemunhar – o espírito da meditação

Quando você não está fazendo absolutamente nada, física ou mentalmente, quando toda a atividade cessa e você está presente, apenas existindo, chamamos isso de meditação. Não é algo que possa ser feito, nem é possível exercitar-se para isso: basta entender.

Sempre que encontrar um tempo para apenas *ser*, largue tudo o que estiver fazendo. Pensar, concentrar-se ou contemplar também são fazer algo. Se, por um único momento, você não fizer nada e estiver voltado para dentro de si mesmo, completamente relaxado, isso é meditação. Depois de aprendê-lo, será possível permanecer nesse estado pelo tempo desejado ou até ficar assim durante 24 horas por dia.

Na segunda etapa da meditação, após perceber como o seu ser pode permanecer imperturbável, lentamente você pode começar a fazer algumas coisas, cuidando para que o seu ser não fique agitado. Primeiro, aprenda a só ser, depois aprenda a fazer pequenas coisas, como varrer o chão ou tomar banho, mas mantendo-se centrado. Então você estará pronto para fazer coisas mais complexas.

Ainda que eu esteja falando com você, minha meditação não foi perturbada. Posso continuar falando sem gerar a mínima agitação interior: o meu centro está calmo e silencioso.

A meditação não é contrária à ação, não requer que você fuja da vida. Ela apenas lhe ensina uma nova maneira de viver, na qual você se torna o centro do ciclone.

A vida continua, porém com mais intensidade, mais alegria, mais visão, mais criatividade, enquanto você permanece indiferente – um observador distante, vendo tudo o que acontece ao seu redor.

Você não é aquele que faz, e sim o observador.

O segredo da meditação é tornar-se o observador.

As ações seguem o seu curso: é possível fazer pequenas ou grandes coisas, contanto que você não perca a concentração.

Essa consciência e essa capacidade de observação devem permanecer tranqüilas, imperturbáveis.

No judaísmo existe uma escola de ocultismo dissidente denominada hassidismo. O seu fundador, Baal Shem, era um ser especial. Tinha uma rotina: no meio da noite, era visto voltando do rio. À noite, o rio era absolutamente calmo e quieto. Ele costumava ficar lá sentado, sem fazer nada: apenas observando o seu próprio eu, observando o observador. Uma noite, quando voltava do rio, Baal Shem passou pela casa de um homem rico e o vigia à porta o notou.

O vigia estava impressionado porque *todas* as noites, naquela hora exata, Baal Shem voltava do rio. O vigia aproximou-se e disse:

– Perdoe-me por interrompê-lo, mas não posso conter a minha

curiosidade. Você está me assombrando dia e noite, todos os dias. Qual é o seu propósito? Por que vai até o rio? Muitas vezes o segui e nada acontece: você fica sentado lá durante horas seguidas e volta no meio da noite.

– Sei que você me seguiu muitas vezes – retrucou Baal Shem –, porque a noite é muito silenciosa e ouço os seus passos. Sei também que todos os dias você fica escondido atrás do portão. Assim como você fica curioso quanto a mim, também fico curioso quanto a você. Qual é o seu propósito?

O homem surpreendeu-se.

– Qual o meu propósito? Sou apenas um vigia.

– Meu Deus! – exclamou Baal Shem. – Você me deu a palavra-chave. Esse também é o meu propósito!

– Mas não entendo. Nós, vigias, devemos vigiar uma casa ou um palácio. O que você está vigiando lá, sentado na areia?

– Há uma pequena diferença – ressaltou Baal Shem. – Você observa se alguém de fora quer entrar no palácio; eu simplesmente observo *esse observador*. Quem é esse observador? Este é o trabalho da minha vida inteira: observar a mim mesmo.

– Isso é bem estranho – ponderou o vigia. – Quem é que lhe paga por isso?

– A felicidade é tanta, tamanha é a alegria, é uma bênção tão imensa que o trabalho se paga plenamente – argumentou Baal Shem. – Basta um único momento e todos os tesouros não são nada em comparação com o que tenho.

– Mas que estranho – insistiu o vigia. – Durante toda a minha vida eu tenho sido um observador, mas nunca tive uma experiência tão bonita. Amanhã à noite vou junto, para que me ensine como faz. Já sei observar, então parece que basta mudar a direção, pois você está olhando em outra direção.

Basta um único passo para a direção ou a dimensão certa. Podemos nos concentrar no exterior ou fechar os olhos para ele e deixar que toda a nossa consciência se centre no interior. Você saberá quando isso acontecer porque *você é* a percepção. Ela nunca foi perdida, mas estava emaranhada com mil e uma coisas. Remova a sua percepção de todos os lugares e, aos poucos, deixe-a descansar dentro de você – então terá chegado em casa.

O núcleo fundamental, o espírito da meditação, é aprender a testemunhar.

Um corvo grasna, você escuta. São dois elementos, o objeto e o sujeito. Mas será possível ver a testemunha que observa ambos? Há o corvo, há o ouvinte e há ainda alguém que está vigiando ambos. É muito simples.

Observar é meditação. O que está sendo observado é irrelevante. Você pode olhar as árvores, o rio ou as nuvens, como também pode olhar as crianças brincando ao seu redor. Observar *é* meditação. O que se observa, o objeto, não vem ao caso.

Lembre-se de uma coisa: meditação significa percepção. Tudo o que é feito de forma perceptiva é meditação. Não importa qual é a ação, e sim a qualidade dessa ação. Caminhar pode ser uma meditação se você caminhar atentamente. Sentar ou ouvir os pássaros pode ser uma meditação se você sentar ou ouvir atentamente. Escutar o ruído interior da sua mente pode ser uma meditação se você estiver atento e observando. Se não se mover como se estivesse dormindo, tudo o que você fizer será meditação.

O primeiro passo para aumentar essa percepção é permanecer muito atento ao seu corpo. Pouco a pouco, você ficará mais atento a cada movimento. À medida que você se torna mais e mais perceptivo, um milagre começa a acontecer: muitas das coisas que costumava fazer deixam de existir. O seu corpo fica mais relaxado e mais harmonizado. Uma paz profunda começa a envolvê-lo e o seu corpo passa a pulsar com uma música sutil.

Comece então a ficar atento aos seus pensamentos. Eles são mais sutis que o corpo e também mais perigosos. Mas, quando se tornar perceptivo em relação a seus pensamentos, se você anotar tudo o que ocorre em qualquer momento, ficará surpreso.

Depois de 10 minutos, leia o que escreveu e verá uma mente insana dentro de você! Por não estarmos perceptivos, toda essa loucura flui como uma corrente oculta, afetando tudo o que fazemos e deixamos de fazer. O somatório final disso tudo será a sua vida, então é preciso mudar essa loucura. O milagre da percepção, contudo, é que *basta* tornar-se perceptivo – não há nada além disso.

A própria observação muda tudo. Pouco a pouco, a loucura desaparece e os pensamentos começam a recair num determinado padrão. O caos que produziam deixa de existir e eles entram em harmonia, como um universo. Novamente, uma paz mais profunda prevalece. Quando o seu corpo e a sua mente estiverem em paz, verá que também estão em harmonia, afinados um com o outro, com uma ponte interligando-os. Já não estão mais seguindo em direções diferentes: pela primeira vez existe uma harmonia que o ajuda imensamente a dar o terceiro passo, o de passar a perceber os seus sentimentos, emoções e humores.

Quando puder perceber esses três aspectos, eles se fundirão em um único fenômeno. E quando todos os três forem apenas um – quando funcionarem em conjunto, perfeitamente –, será possível sentir a sua música, eles serão como uma orquestra. É aí que a quarta etapa acontece. Não é possível fazer nada em relação a ela: acontece por conta própria, é uma dádiva do todo, a recompensa para quem deu os três passos anteriores.

O quarto passo é a suprema percepção que produz o despertar. Você passa a perceber sua própria percepção. É isso que cria um buda, alguém que despertou. Somente nesse despertar é possível conhecer a felicidade. O corpo conhece o prazer, a mente conhece a felicidade, o coração conhece a alegria, o quarto passo produz o êxtase. O êxtase é a meta de todos os *sannyas*, daqueles que buscam, e a percepção é o caminho para ele.

O mais importante é estar constantemente observando, não se esquecer de que está observando... observando... observando. Pouco a pouco, conforme o observador vai se firmando, tornando-se mais estável, mais firme, uma transformação acontece. As coisas que ele estava observando desaparecem.

Pela primeira vez, o próprio observador torna-se aquele que é observado.

Você chegou em casa.

O DESABROCHAR DA MEDITAÇÃO

A meditação não é um método indiano nem é apenas uma técnica. Não é possível "aprendê-la". A meditação é um crescimento: um crescimento de sua vida, de todo o seu viver.

A meditação não é algo que possa ser acrescentado ao seu estado atual: você só pode chegar até ela por meio de uma transformação radical, de uma mutação. É um desabrochar, um amadurecimento.

O crescimento sempre se dá a partir do todo, não é um acréscimo. Como o amor, a meditação não pode ser acrescentada a você. Ela se desenvolve a partir de você, da sua totalidade. Você precisa evoluir em direção a ela.

O grande silêncio

O silêncio é geralmente entendido como algo negativo e vazio, uma ausência de sons. Esse engano prevalece porque pouquíssimas pessoas já sentiram o silêncio.

Tudo o que as pessoas perceberam como silêncio é a ausência de ruído. Mas ele é algo muito diferente, é totalmente positivo. Faz parte da existência, não é vazio. Transborda com uma música que nunca se ouviu antes, com uma fragrância pouco conhecida e uma luz que só pode ser vista pelo olhar interior.

O silêncio não é algo fictício: é uma realidade que já está presente em todos nós – mas nunca olhamos para dentro.

O seu mundo interior tem sabor, fragrância e luz próprios. É total e eternamente silencioso. Nunca houve nem nunca haverá nenhum ruído. Nenhuma palavra pode chegar lá, mas *você* pode.

O centro do seu ser é o centro de um ciclone. Tudo o que acontece ao redor não o afeta. Ele é o silêncio eterno: dias e anos vêm e vão, eras passam. As vidas transcorrem, mas o silêncio eterno do seu ser permanece imutável: a mesma música sem som, a mesma fragrância divina, a mesma transcendência em relação a tudo o que é mortal e momentâneo.

Ele não é o *seu* silêncio.

Você *é* ele.

Não é algo que você possua, mas algo que possui você e nisso reside a grandeza dele. Nem mesmo você está ali, porque até a sua presença já seria uma perturbação.

O silêncio é tão profundo que não há ninguém dentro dele. E esse silêncio lhe traz a verdade, o amor e milhares de outras bênçãos.

Cultivando a sensibilidade

Além de aumentar a sua sensibilidade, a meditação irá lhe proporcionar um sentido profundo de pertencer ao mundo. Este aqui é o nosso mundo – as estrelas são nossas e não somos estrangeiros aqui. Pertencemos intrinsecamente à existência. Fazemos parte dela, somos o *âmago* dela.

Você se torna tão sensível que até mesmo a menor folha de grama adquire uma imensa importância. A sua sensibilidade torna claro que essa pequena folha de grama é tão importante para a existência quanto a maior das estrelas. Sem ela, a existência seria menor do que é. A folha de grama é única e insubstituível; tem a sua própria individualidade.

Essa sensibilidade lhe trará novas amizades: com as árvores, os pássaros, os animais, as montanhas, os rios, os oceanos, as estrelas.

A vida torna-se mais intensa à medida que o amor aumenta e a amizade se desenvolve.

Amor, a fragrância da meditação

Se começar a meditar, cedo ou tarde você descobrirá o amor. Se meditar profundamente, cedo ou tarde começará a sentir surgir um enorme amor, um amor que nunca sentiu antes – uma nova virtude para o seu ser, uma nova porta aberta. Você terá se tornado uma chama e desejará compartilhar.

Se amar profundamente, logo se dará conta de que o seu amor está ficando cada vez mais contemplativo. O silêncio passa a ser uma característica sutil dentro de seu ser. Os pensamentos desaparecem e dão lugar a intervalos... silêncios! Você começa a tocar as suas profundezas.

O amor o tornará contemplativo se estiver bem encaminhado.

A meditação o tornará amoroso se estiver bem encaminhada.

Desejamos um amor que nasça da meditação, não da mente. Esse é o amor de que sempre falo.

Milhões de casais em todo o mundo vivem como se o amor estivesse presente. Eles vivem em um mundo de faz-de-conta. É claro que não podem ser felizes, pois drenam toda a energia tentando extrair algo de um falso amor que não pode lhes dar aquilo que querem. Daí a frustração, o tédio contínuo, o freqüente mal-estar, a briga entre os amantes. Ambos insistem em fazer de seu relacionamento algo que seja eterno, o que não é possível. Esse amor veio da mente e a mente não pode lhe dar nenhum vislumbre do eterno.

Primeiro, entre em meditação, porque o amor vem da meditação – o amor é a fragrância da meditação. A meditação é a flor, o lótus de mil pétalas. Deixe-a desabrochar. Deixe que ela o ajude a ascender na dimensão vertical, da não-mente, do não-tempo, e de repente perceberá que a fragrância *está* presente. Então o amor é eterno e incondicional. Ele não é nem mesmo dirigido a uma pessoa em particular, ele *não pode* ser dirigido a ninguém em particular. Não é uma relação, e sim uma qualidade que o envolve. Não tem nada a ver com o outro. Você está amando, você é esse amor eterno. É a sua fragrância, a mesma que está ao redor de um Buda, de um Zaratustra, de um Jesus. É um tipo totalmente diferente de amor, é um sentimento qualitativamente diferente.

Compaixão

Buda definiu compaixão como "amor mais meditação". Quando o seu amor não é só um desejo pelo outro ou uma necessidade, quando é algo a ser compartilhado, quando não é como o de um mendigo, mas como o de um imperador, quando não pede nada em troca mas está sempre pronto para dar, então acrescente a meditação, e a fragrância pura será libertada. O esplendor que estava preso será libertado. Isso é compaixão: o fenômeno mais elevado. O sexo é animal e físico, o amor é humano e psicológico, a compaixão é divina e espiritual.

Alegria permanente sem razão alguma

Sem razão alguma você se sente alegre. No dia-a-dia é preciso haver alguma razão para se alegrar. As pessoas ficam contentes porque conhecem alguém bonito, conseguem um dinheiro ou compram uma casa com um belo jardim. Essas alegrias, contudo, são momentâneas, não podem durar contínua e ininterruptamente.

Se esse sentimento for causado por alguma coisa que desaparecerá, ele será momentâneo e logo o deixará em uma profunda tristeza. Mas há um tipo diferente de alegria que é um *sinal de confirmação:* você de repente se alegra sem razão alguma. Não consegue entender o porquê e, se lhe perguntarem, não será capaz de responder.

Não sei dizer por que estou alegre. Não há motivo, simplesmente é assim. *Essa* alegria não pode ser perturbada e, não importa o que aconteça, ela permanecerá. Está presente a cada dia. Você pode ser jovem ou velho, pode estar animado ou estar morrendo: ainda assim ela existe sempre. Quando descobrir um pouco da alegria permanente, você certamente estará mais próximo do estado de Buda.

Inteligência: a capacidade de reagir

Inteligência significa apenas a capacidade de reagir, porque a vida é um fluxo. Você precisa estar atento e perceber o que é exigido, qual é o desafio da situação. Uma pessoa inteligente se comporta de acordo com cada situação, enquanto um idiota segue respostas prontas. Não importa se essas respostas vêm de Buda, Cristo ou Krishna: o idiota sempre carrega as escrituras consigo, pois tem medo de depender de si mesmo. Uma pessoa inteligente depende da própria perspicácia e confia em seu próprio ser. Ama e respeita a si mesma, enquanto uma pessoa limitada obedece a terceiros.

A inteligência pode ser redescoberta, e o único método para redescobri-la é meditar. A meditação faz apenas isto: remove os bloqueios, eliminando todas as barreiras que a sociedade criou para impedi-lo de ser inteligente. Sua função é remover as pedras que impedem que suas águas fluam e suas fontes ganhem vida.

Todo mundo carrega dentro de si um grande potencial, mas a sociedade coloca imensas pedras para bloqueá-lo. Cria Muralhas da China em torno de você, aprisionando-o.

A inteligência é sair de todas as prisões e nunca mais entrar em outra. A meditação pode ajudá-lo porque todas essas prisões só existem na mente e não podem alcançar o seu ser. Felizmente elas não podem poluir o seu ser, podem poluir apenas a sua mente, encobri-la. Se você for capaz de se libertar de sua mente, irá libertar-se do cristianismo, do hinduísmo, do jainismo, do budismo, e todo o entulho aos poucos será eliminado. Será possível parar inteiramente.

Quando estiver fora da mente, observando-a, percebendo-a, sendo apenas uma testemunha, você estará sendo inteligente. Terá desfeito o que a sociedade fez com você. Terá conseguido neutralizar o mal e terá destruído a conspiração dos padres e dos políticos. Do lado de fora, será, pela primeira vez, uma pessoa de verdade, uma pessoa livre. Então o céu inteiro será seu.

A inteligência traz liberdade e espontaneidade.

SOLIDÃO: A SUA NATUREZA INTERIOR

A solidão é uma flor,
um lótus florindo no seu coração.
A solidão é positiva, é saúde.
É a alegria de ser você mesmo.
É a alegria de ter o seu próprio espaço.

Meditação significa êxtase na solidão. Só se está *realmente* vivo quando se é capaz de estar só, quando não se depende de nada nem de ninguém, seja qual for a situação. E porque a solidão pertence a cada um, ela pode permanecer pela manhã, ao entardecer, de dia, à noite, na mocidade ou na velhice, na saúde, na doença. Pode permanecer na vida e também na morte, porque não é algo que esteja acontecendo externamente, é algo que brota em você. É a sua própria natureza, é a sua natureza interior.

Uma jornada interior é uma viagem para a solidão absoluta. Não é possível levar ninguém junto, não é possível compartilhar o seu centro com ninguém, nem mesmo com a pessoa amada. Não está na natureza das coisas e não há nada a fazer a respeito disso. No momento em que entramos em nós mesmos, todas as ligações com o mundo exterior são rompidas, todas as portas são fechadas. O mundo inteiro desaparece.

É por isso que os místicos diziam que o mundo é *maya*, uma ilusão. Não é que não exista, mas, para aquele que medita, aquele que entra, é como se o mundo não existisse. O silêncio é muito profundo – nenhum ruído penetra nele. A solidão é tão funda que é preciso ter coragem. Mas da solidão explode o êxtase. Dessa solidão surge a sensação de Deus. Nunca houve outra maneira e nunca haverá.

Festeje a solidão, celebre o seu espaço puro e uma grande canção surgirá em seu coração. Será uma canção da percepção, da meditação. Será a canção de um pássaro solitário chamando ao longe – não chamando alguém em particular, mas apenas chamando, porque seu coração está cheio e deseja chamar, porque a nuvem está cheia e deseja chover, porque a flor está cheia, as pétalas se abrem e a fragrância é liberada... sem destino específico. Deixe a sua solidão se transformar em uma dança.

O seu eu verdadeiro

A meditação nada mais é que um dispositivo para fazer com que você perceba seu verdadeiro eu, aquele que não é criado por você, que não precisa ser criado por você, o qual você já é. Você nasce com ele. Você *é* ele! Ele precisa ser descoberto. A sociedade não quer permitir que isso aconteça, porque o eu verdadeiro é perigoso: perigoso para a Igreja estabelecida, para o Estado, para a multidão, para a tradição, porque, uma vez que um homem conhece o seu eu verdadeiro, ele se torna um indivíduo. Deixa de pertencer à psicologia da multidão e não é mais supersticioso. Não pode ser explorado nem conduzido como gado, não pode mais ser forçado e comandado. Viverá de acordo com a sua luz, de acordo com a sua própria interioridade, e sua vida terá uma beleza e uma integridade imensas. É isso o que a sociedade teme.

As pessoas integradas se tornam indivíduos e a sociedade não quer que você seja um indivíduo. Em lugar da individualidade, a sociedade o ensina a ter uma personalidade. Esta palavra precisa ser entendida: sua raiz vem de *persona*, que significa máscara. A sociedade lhe dá uma falsa idéia de quem você é; lhe dá apenas um brinquedo ao qual você se agarra durante toda a sua vida.

Minha visão é que quase todos estão nos lugares errados. Aquele que seria um médico imensamente feliz é um pintor e aquele que seria um pintor imensamente feliz é um médico. Ninguém parece estar no seu devido lugar e por isso nossa sociedade está tão confusa. As pessoas são dirigidas pelos outros e não pela sua própria intuição.

A meditação o ajuda a cultivar sua faculdade intuitiva. Fica muito claro o que poderá preenchê-lo, o que irá ajudá-lo a florescer. Seja o que for, vai ser diferente para cada indivíduo, pois este é o significado da palavra: cada um de nós é único. Buscar a sua singularidade é uma grande emoção, uma grande aventura.

PARTE 2

A CIÊNCIA DA MEDITAÇÃO

MÉTODOS E MEDITAÇÕES

As técnicas são úteis porque são científicas. Irão poupá-lo de vagar a esmo, de tatear no escuro sem necessidade. Se não conhecer nenhuma técnica, você levará muito tempo.

As técnicas são úteis

Com a ajuda de um mestre, com técnicas científicas, você pode aproveitar melhor o tempo, as oportunidades e a sua energia. Algumas vezes, em questão de segundos, você pode crescer muito, de uma forma que nem mesmo em muitas vidas seria possível. Quando se usa a técnica certa, o crescimento não tem limite. E as técnicas apresentadas aqui foram usadas ao longo de milhares de anos de experiências. Não foram inventadas por um único homem, mas por muitos dentre aqueles que procuravam. E apenas a sua essência é transmitida aqui.

Você atingirá a meta, porque a energia vital no seu interior irá circular enquanto não chegar a um ponto em que não seja mais possível nenhum movimento. Ela continuará subindo até o pico mais elevado. Essa é a razão pela qual uma pessoa nasce repetidas vezes. Se você for deixado sozinho, conseguirá chegar lá, mas terá de viajar muito, por muito tempo, e a viagem será tediosa e enfadonha.

As técnicas podem ser úteis, mas não são exatamente uma meditação, são apenas um tatear no escuro. Um dia, de repente, fazendo alguma coisa, você se torna uma testemunha. Praticando a Meditação Dinâmica, a Meditação Kundalini ou a Meditação em Rodopio, por exemplo, chegará um dia em que a meditação continua, mas você não se identificará mais. Estará sentado em silêncio lá atrás, observando. Nesse dia a meditação terá acontecido e a técnica não será mais um empecilho nem um recurso. Então será possível desfrutá-la, se quiser, como um exercício; ela lhe dará uma certa vitalidade, mas já não será mais necessária – a verdadeira meditação já terá acontecido.

Meditar significa tornar-se uma testemunha. A meditação não é uma técnica! Isso pode confundi-lo um pouco, porque apresento uma série de técnicas. Ainda assim, no sentido mais profundo, a meditação não é uma técnica, é uma compreensão, uma percepção. Contudo você precisa das técnicas, porque está longe dessa compreensão final. Ela está em você, bem no fundo, mas ainda muito longe. Você poderia atingi-la agora mesmo, mas não consegue por causa de sua mente. Seria possível chegar lá agora mesmo e, no entanto, é impossível. As técnicas são um instrumento, servem para criar uma ponte por cima do intervalo.

No princípio, as técnicas são meditações, mas no final você vai rir – as técnicas não são a meditação. A meditação é uma qualidade totalmente diferente de ser e não está relacionada com nenhuma outra coisa. Contudo, ela só acontece no final: não pense que já aconteceu no princípio, do contrário o intervalo não terá sido transposto.

Comece se esforçando

As técnicas de meditação são um "fazer", porque são orientações para fazer alguma coisa – até mesmo meditar é fazer algo; ficar sentado em silêncio é fazer algo, mesmo *não* fazer nada é uma maneira de fazer algo. Superficialmente, parece que todas as técnicas de meditação são ações, mas, em uma visão mais aprofundada, isso não é verdade. Quando você tiver sucesso, a ação desaparecerá.

No princípio parecerá que você está se esforçando, já que a mente não consegue fazer nada sem esforço. Tente dizer a ela que não há esforço e isso parecerá um absurdo. Contudo, o esforço eventualmente desaparecerá e tudo se tornará espontâneo, como o ato de respirar, que apenas acontece.

No Zen, onde há muita ênfase em não fazer esforço algum, os mestres dizem aos discípulos: "Apenas sente-se. Não faça nada." O discípulo tenta, é claro – o que mais poderia fazer além de tentar?

Mesmo que haja esforço e ação, será só um mal necessário no princípio. Lembre-se, o tempo todo, que é preciso ir além do esforço. Deve chegar um momento em que nada seja feito para meditar: basta ficar parado e a meditação acontece. Sentado ou de pé, ela acontece. Sem fazer nada, apenas estando perceptivo, ela acontece.

Todas as técnicas apresentadas servem para ajudá-lo a atingir o momento em que não haverá esforço algum. A transformação e a realização interiores não podem se dar por meio de um esforço, pois o esforço é um tipo de tensão. Se você está se esforçando, não consegue relaxar totalmente; passa a ser o esforço uma barreira. Tendo isso em mente, com o tempo, esforçando-se, você será capaz de ultrapassar esse estágio.

Estes métodos são simples

Todos os métodos que vamos abordar foram relatados por pessoas que já obtiveram resultados com eles. Parecem muito simples e, para a nossa mente, as coisas muito simples não podem ser atraentes. Afinal, se as técnicas são tão simples e sua moradia está muito próxima, se você já está nela, parecerá ridículo diante de si mesmo: por que não sou capaz de perceber isso? Em vez de perceber quão ridículo seu próprio ego está sendo, você pensará que os métodos simples não funcionam.

Aí é que está o erro. A sua mente lhe diz que esses métodos não têm utilidade. "Para chegar à existência divina, alcançar o Absoluto e o Supremo, como é possível usar algo tão simples? Como isso pode ser útil?", questionará o seu ego.

O ego, contudo, está sempre interessado em algo que seja difícil, em coisas que representam um desafio. Se quiser desafiar o seu ego, é preciso inventar algo difícil; do contrário, mesmo que você seja capaz de fazer algo, o ego não se sentirá realizado. O ego requer barreiras a serem transpostas, picos a serem conquistados. Quanto mais alto o pico, melhor para o ego.

Por serem tão simples, essas técnicas não oferecerão nenhum atrativo à sua mente, mas aquilo que atrai seu ego não ajuda o seu crescimento espiritual.

Por meio de coisas simples, você pode alcançar tudo aquilo de que a consciência humana é capaz, no momento em que quiser.

Primeiro, entenda a técnica

Ouvi uma história sobre um velho médico. Um dia seu assistente lhe telefonou porque se encontrava em um grande apuro: um paciente estava sufocando até a morte, engasgado com uma bola de bilhar na garganta, e o assistente não sabia o que fazer. Perguntou ao médico como poderia salvá-lo.

O médico respondeu:

– Faça cócegas no paciente com uma pena.

Depois de alguns minutos o assistente voltou a telefonar, desta vez muito feliz e exultante.

– O seu tratamento funcionou maravilhosamente! O paciente começou a rir e a bola foi cuspida. Doutor, onde aprendeu essa técnica incrível?

O velho médico respondeu:

– Acabei de inventá-la. Este sempre foi o meu lema: quando não souber o que fazer, faça qualquer coisa.

A mente, contudo, é muito complexa e delicada, portanto isso não se aplica à meditação. Se não souber o que fazer, é melhor não fazer *nada*, porque tudo o que fizer sem conhecimento irá atrapalhar em vez de ajudar.

Você não sabe nada sobre a mente: é só uma palavra. Não se conhece a complexidade dela. A mente é a coisa mais complexa da existência, e também é a mais delicada. As técnicas aqui apresentadas baseiam-se em um conhecimento muito profundo da mente humana, a partir de muita experimentação.

Lembre-se do seguinte: não faça nada por conta própria e não misture duas técnicas, porque todas funcionam de maneira diferente, usam bases diferentes. Levam ao mesmo fim, mas usam meios totalmente diferentes. Algumas vezes podem até mesmo ser diametralmente opostas. Portanto, não misture duas técnicas, não misture nada: use a técnica da maneira como é apresentada.

Antes de começar a praticar uma técnica, tenha absoluta certeza de ter compreendido como ela funciona. Caso se sinta confuso, é melhor não utilizá-la, porque cada técnica irá provocar uma revolução em você.

Primeiro, tente entender a técnica corretamente. Depois de entendê-la, experimente praticá-la. E siga o lema daquele velho médico, que sugere que, quando você não souber o que fazer, faça qualquer coisa. Não faça nada, pois será mais benéfico.

O método certo dá resultado

Quando se experimenta o método certo, ele funciona imediatamente. Vou falar aqui sobre todos os métodos. Você irá experimentá-los. Quando colocá-los em prática, funcionarão na mesma hora. Alguma coisa acontecerá e você saberá que o método está funcionando. É necessário muito empenho, contudo, até chegar um dia em que, de repente, você será surpreendido por um método que dará certo no seu caso.

Descobri que, enquanto as pessoas brincam, suas mentes ficam mais abertas. Se estamos sérios, a mente está fechada. Então brinque com os métodos, eles são simples; não leve nada muito a sério.

Siga este procedimento: primeiro, escolha um método. Depois brinque com ele por pelo menos três dias. Se sentir alguma afinidade, se tiver uma sensação de bem-estar e uma impressão de que aquele método é para você, *então* passe a levá-lo a sério. A partir daí, esqueça os outros métodos. Não brinque com eles; mantenha-se focado naquele, pelo menos durante três meses.

Milagres acontecem. A única coisa que importa é descobrir qual a técnica adequada para você. Se não usar a técnica adequada, mesmo que você continue praticando-a por muitas vidas, nada acontecerá. Do contrário, três minutos serão suficientes.

Quando abandonar o método

Todos os grandes mestres dizem que um dia é preciso abandonar o método. Quanto mais cedo você fizer isso, melhor. No momento em que chegar lá, no momento em que se tornar perceptivo, abandone imediatamente o método.

Há uma história que Buda costumava contar repetidas vezes. Cinco idiotas passavam por uma aldeia. Quando as pessoas os viram, ficaram surpresas, pois carregavam um barco acima da cabeça. Era um barco grande e os cinco estavam quase morrendo sob o seu peso. Perguntaram a eles:

– O que vocês estão fazendo?

Eles responderam:

– Não podemos abandonar o barco. Este barco nos ajudou a vir da outra margem até esta. Como poderíamos deixá-lo? Por causa dele conseguimos chegar até aqui. Sem ele, teríamos morrido na outra margem. Já era quase noite e apareceram animais selvagens na outra margem; com certeza já estaríamos mortos agora. Nunca abandonaremos este barco, pois temos uma dívida eterna com ele. Vamos levá-lo sempre sobre nossas cabeças em total gratidão.

Os métodos só são arriscados se você não estiver atento: caso contrário, podem ser usados maravilhosamente. Quando um barco se torna perigoso? Quando você estiver pensando em carregá-lo sobre a cabeça pelo resto da vida, em total gratidão. Do contrário, ele nada mais é que uma balsa para ser usada e abandonada, esquecida para sempre. Se não é mais necessário, não há sentido em carregá-lo!

Se você abandona um remédio, automaticamente começa a se ajustar ao seu próprio ser. A mente se prende às coisas e não permite nunca que você se ajuste ao seu ser. Ela o mantém interessado em algo que você não é: os barcos.

Quando você não se prende a nada, não há para onde ir. Todos os barcos foram abandonados, assim como todos os caminhos: você não pode ir a lugar algum. Os sonhos e desejos desaparecem, não há como se mover. O relaxamento advém naturalmente.

Pense apenas na palavra *relaxar*. Seja... acomode-se... você está em casa.

Em um momento tudo é fragrância, porém, no momento seguinte, você estará procurando por isso, mas nada irá encontrar: já se foi.

No princípio haverá apenas vislumbres. Pouco a pouco, eles se tornarão mais palpáveis, vão durar cada vez mais. Lentamente, muito lentamente, vão se fixar para sempre. Antes, contudo, você não deve contar com isso, pois seria um erro.

Quando estiver sentado em meditação, isso acontecerá. Mas passará. Então o que fazer entre as sessões?

Continue a usar o método entre as sessões, mas abandone-o quando estiver mergulhado na meditação. A percepção se purifica cada vez mais, até chegar um momento em que, subitamente, fica totalmente pura: então abandone o método, esqueça o remédio completamente: acomode-se e espere.

No princípio, isso só acontecerá por alguns momentos: como uma brisa, você é transportado para outro mundo, para o mundo da não-mente. Durante um instante você sabe que sabe, mas é breve. Depois a escuridão retorna e a mente está de volta com todos os seus sonhos, os seus desejos e a sua estupidez.

Por um momento, as nuvens se abriram e você viu o sol.

Depois as nuvens voltaram: tudo é escuridão e o sol sumiu. É até difícil acreditar que o sol existe, é difícil acreditar que o que foi experimentado um momento antes era verdade. Pode ter sido uma fantasia. A mente pode lhe dizer que foi só imaginação.

É tão incrível, parece impossível que isso tenha acontecido com *você*. Com toda essa estupidez na mente, com todas essas nuvens e essa escuridão, isso aconteceu com você: ver o sol por um momento. Não parece provável: você deve ter imaginado ou talvez tenha sido um sonho.

Entre as sessões, recomece tudo – entre no barco e volte a usá-lo.

SUGESTÕES PARA INICIANTES

Um bom espaço

Quando for tentar meditar, desligue o telefone, isole-se. Ponha um bilhete na porta para que durante uma hora ninguém bata, pois você está meditando. E, quando for para o local de meditação, tire os sapatos, pois estará caminhando em solo sagrado. Não tire só os sapatos, mas tudo o que o preocupa. Conscientemente, deixe tudo com os sapatos. Entre despreocupado.

É possível tirar uma hora por dia. Atribua 23 horas para suas ocupações, seus desejos, pensamentos, ambições, projeções. Tire uma hora de tudo isso e no fim descobrirá que aquela foi a única hora verdadeira de toda a sua vida – as outras 23 horas foram uma perda total. Uma única hora foi poupada e todo o restante se perdeu.

O lugar certo

Você deve encontrar um lugar que intensifique a meditação. Por exemplo, sentar sob uma árvore irá ajudar. Em vez de ir sentar-se em um cinema ou ir para o metrô e sentar-se na plataforma, aproxime-se da natureza – vá para as montanhas, fique junto das árvores, dos rios, onde o tao ainda está fluindo, vibrando, pulsando, correndo. As árvores estão em constante meditação. Essa meditação é silenciosa, inconsciente. Não estou lhe dizendo que se torne uma árvore: você precisa se tornar um buda! Mas Buda tem uma coisa em comum com as árvores: é tão verde quanto elas, tão cheio como a seiva e tão feliz quanto elas. Há uma diferença, é claro: a árvore permanece no tao inconscientemente, enquanto Buda está conscientemente no tao. Esta é uma grande diferença, a diferença entre a terra e o céu.

Sente-se ao lado de uma árvore cheia de lindos pássaros cantando, ou um pavão dançando, ou apenas um rio fluindo com o som da água correndo, ou ao lado de uma cachoeira e de sua melodia impressionante...

Procure um lugar onde a natureza ainda não foi perturbada e poluída. Se não conseguir encontrar um lugar assim, então feche as portas de casa e sente-se no seu quarto. Se possível, reserve um aposento especial para a meditação em casa. Basta um cantinho, mas que seja especial para a meditação. Por que especial para a meditação? Porque todo tipo de ação cria a sua própria vibração. Se você só meditar num lugar, esse lugar se tornará contemplativo. Se meditar diariamente, ele absorverá as suas vibrações quando estiver em meditação. No dia seguinte, quando voltar lá, essas vibrações atuarão sobre você. Elas ajudam, retribuem e respondem.

Quando alguém realmente se torna um meditador, é capaz de meditar sentado num cinema ou mesmo na plataforma da estação de metrô.

Durante 15 anos, viajei sem parar – todos os dias, ano após ano, sempre em um trem, avião ou carro. Para mim, isso não fez diferença: depois que você está realmente *enraizado* no seu ser, nada faz diferença. Para um iniciante, contudo, não é assim.

Quando a árvore está bem enraizada, os ventos podem soprar, a chuva pode cair, as nuvens se cansam de produzir trovoadas e raios: tudo isso é bom. Dá integridade à árvore. Mas, quando a árvore é pequena e frágil, até mesmo uma criança ou um animal representam um perigo, pois podem destruí-la.

Fique à vontade

Sua postura deve permitir que você possa se esquecer do seu corpo. Quando se esquece do seu corpo, você está à vontade. Quando se lembra continuamente do corpo, não está à vontade. Não importa se você está sentado em uma cadeira ou no chão. O importante é que a posição seja cômoda porque, se o seu corpo não estiver bem acomodado, você não poderá almejar outras bênçãos que pertencem a camadas mais profundas: a primeira camada se perdeu, e todas as outras camadas se fecharão. Se você realmente quiser ser alegre e feliz, comece do princípio: a comodidade do corpo é uma necessidade básica para qualquer pessoa que esteja tentando alcançar o êxtase interior.

Comece pela catarse

Nunca digo às pessoas para começarem sentando-se. Comece pelo que é fácil, do contrário você vai sentir coisas que não existem, sem necessidade.

Se começar sentando-se, você sentirá uma grande perturbação interior. Quanto mais tentar ficar sentado, mais se sentirá perturbado. Irá ampliar a percepção de sua mente insana e nada mais. Isso causa depressão e frustração, não o leva à felicidade. De certo modo, você vai sentir que está ficando louco.

Sentado, você começa a perceber tanta loucura dentro de si que, se for absolutamente sincero e continuar nesse rumo, poderá ficar louco. Já aconteceu antes. Nunca sugiro nada que possa causar frustração, depressão e tristeza, nada que torne alguém muito perceptivo da própria loucura. Talvez você ainda não esteja pronto para isso.

O conhecimento nem sempre é bom. Certas coisas devem ser percebidas aos poucos, conforme a sua capacidade de absorver determinados conhecimentos aumenta.

Eu começo pela sua loucura, não pela postura de ficar sentado. Dou espaço para a sua loucura. Se você dançar loucamente, acontecerá o oposto em seu interior. Com uma dança frenética, você começa a se conscientizar de um ponto silencioso no seu interior, mas, sentado em silêncio, irá conscientizar-se apenas da própria loucura. O oposto sempre é o ponto da percepção.

Se você dançar loucamente, caoticamente, chorando, respirando convulsivamente, eu admito a sua loucura. Então você começa a se conscientizar de um ponto sutil, um ponto interior profundo que é silencioso e imóvel, em contraste com a loucura na superfície. Você se sentirá muito feliz: no seu centro existe um silêncio interior. Se ficar apenas sentado, você estará silencioso externamente, mas por dentro estará furioso.

Começar com algum tipo de atividade – alguma coisa positiva, animada, movimentada – será o melhor. Você sentirá uma crescente serenidade interior e, à medida que ela aumentar, você poderá permanecer mais tempo sentado ou deitado. A meditação mais silenciosa se tornará possível. Nesse momento, contudo, as coisas serão bem diferentes.

Uma técnica de meditação que começa com movimento e ação é benéfica também de outras maneiras. Torna-se uma catarse. Sentado, você se sentirá frustrado: a sua mente quer se mover, mas você permanece sentado. Cada músculo vibra, cada nervo vibra. Você está tentando forçar alguma coisa em si mesmo que não lhe é natural. Então você se divide em alguém que está forçando e um outro que está sendo forçado. A parte que está sendo forçada e reprimida será a parte mais autêntica. Ela é mais importante para a sua mente do que a parte repressora, e terminará ganhando.

A parte que está sendo reprimida deve realmente ser jogada fora, não reprimida. Tornou-se um acúmulo dentro de você, porque tem sido reprimida constantemente. Toda educação, integração, civilização é repressora. Você vem reprimindo muita coisa que poderia ter sido facilmente descartada com uma educação diferente, com uma educação mais consciente, com pais mais informados. Se tivesse um maior conhecimento do mecanismo interno da mente, a sociedade permitiria que você se livrasse de muitas coisas.

Por exemplo, quando uma criança sente raiva, dizemos: "Não sinta raiva." Ela começa a reprimir a raiva. Em pouco tempo, o que era passageiro torna-se permanente. A partir de então, essa pessoa não *agirá* com raiva, mas irá permanecer com raiva. A maior parte da nossa raiva é um acúmulo de coisas momentâneas, que vêm e passam. Se o sentimento for expressado, não irá durar muito. Portanto, eu permitiria que a criança exprimisse seu sentimento com mais autenticidade. Sinta raiva, mas sinta mesmo. Não a reprima.

É claro que pode haver problemas. Se lhe disserem: "Fique com raiva", você fica com raiva *de* alguém. Uma criança, contudo, pode ser moldada. Podemos lhe dar um travesseiro e dizer: "Descarregue a sua raiva no travesseiro. Seja violenta com ele." Desde pequena, a criança pode ser educada de modo a desviar a raiva. Pode-se dar um objeto a ela para que possa jogá-lo no chão até a raiva passar. Em questão de minutos o sentimento terá se dissipado, sem acúmulo.

Você tem acumulado raiva, sexo, violência, ganância – tudo. Hoje esse acúmulo transformou-se em loucura. Está presente dentro de você. Se começar a fazer algum tipo de meditação repressiva – por exemplo, apenas sentando-se –, irá reprimir tudo isso. Então começo com uma catarse. Primeiro, tudo o que foi reprimido deve ser dissipado. Quando você for capaz de dissipar a sua raiva, terá amadurecido.

Se não sou capaz de amar sozinho, se só consigo amar tendo alguém que me ame, ainda não estou realmente maduro. Ainda dependo de alguém até mesmo para amar. Esse amor só pode ser muito superficial, pois não é da minha natureza. Se estou sozinho em um quarto e não sou capaz de amar, então a capacidade de amar não é profunda o suficiente, não se tornou parte do meu ser.

Quanto menos dependente você for, mais maduro se tornará. Se é capaz de sentir raiva sozinho, você é mais maduro. Não precisa mais de um pretexto para sentir raiva. Por isso considero fundamental fazer uma catarse no princípio. É preciso jogar tudo fora, não pensar em nada.

Sinta raiva sem que haja uma pessoa de quem você deveria sentir raiva. Chore sem ter motivo. Ria sem razão nenhuma para isso. Então será capaz de se livrar de tudo o que ficou acumulado. Ponha para fora! Quando tiver aprendido como fazer isso, poderá se aliviar de todo o seu passado.

Em poucos instantes você estará livre da carga de uma vida inteira – até mesmo de outras vidas. Se estiver pronto para colocar tudo para fora, se conseguir liberar a sua loucura, em um instante a limpeza estará completa, você estará limpo, revigorado, inocente. Será uma criança de novo. Agora, na sua inocência, pode sentar-se ou deitar-se em meditação, porque não há mais nenhum louco furioso dentro de você para perturbá-lo quando se sentar.

A limpeza – uma catarse – deve ser a primeira coisa a ser feita. Comece pela catarse e algo muito bom nascerá dentro de você. Algo que terá uma virtude e uma beleza diferentes e que será autêntico. Depois de colocar tudo para fora, sentar-se para meditar acontecerá naturalmente.

Quando o silêncio cai sobre você, quando ele desce sobre você, não é algo falso ou cultivado. Ele vem até você; acontece com você. Você começa a senti-lo crescer no seu íntimo, como uma mãe sente seu filho se desenvolvendo em seu ventre.

ORIENTAÇÕES PARA ATINGIR A LIBERDADE

Os três elementos essenciais

Seja qual for o método, a meditação tem alguns elementos essenciais necessários. O primeiro é um estado de relaxamento: deve-se evitar conflitos com a mente, qualquer controle por parte dela e todo tipo de concentração. Em segundo lugar, simplesmente observe em estado de percepção relaxada tudo o que está acontecendo, sem interferência nenhuma: observe a mente, em silêncio. E, por fim, não faça qualquer julgamento ou avaliação.

Estes são os três elementos: relaxamento, observação, ausência de julgamento. Praticando-os, lentamente um grande silêncio cairá sobre você. Todo o movimento em seu interior irá cessar. Você estará presente, mas sem um sentido de "eu sou", só um puro espaço. Existem 112 métodos de meditação. Eu comentei todos esses métodos. Eles diferem na constituição, mas os fundamentos permanecem os mesmos: relaxamento, vigilância e ausência de julgamento.

Seja brincalhão

Milhões de pessoas deixam de meditar porque a meditação assumiu uma conotação errada. Parece ser algo muito sério, sombrio, com um jeitão de coisa de igreja. É como se fosse só para pessoas que estão quase mortas, aquelas que são sombrias, sérias, que perderam a alegria, a capacidade de se divertir, de brincar, de comemorar.

Estas são as verdadeiras características da meditação: uma pessoa realmente contemplativa é brincalhona. A vida para ela é divertida, é um *leela* – um jogo, uma representação. A pessoa que medita aprecia imensamente a vida e não é uma pessoa séria. Ela está relaxada.

Seja paciente

Não tenha pressa. Na maioria das vezes, a pressa causa demoras. Mesmo que esteja ansioso, espere pacientemente: quanto mais calma for a espera, mais cedo acontecerá o que se quer.

A semente foi plantada, agora sente-se na sombra e veja o que acontece. A semente germina e brota, mas não há como acelerar o processo. Todas as coisas precisam de tempo. É preciso que você trabalhe, mas deixe os resultados nas mãos de Deus. Na vida, nada é desperdiçado, especialmente os passos dados em direção à verdade.

Algumas vezes, contudo, ficamos impacientes. A impaciência vem acompanhada de um anseio, e isso é um obstáculo. Fique com o anseio e livre-se da impaciência.

Não confunda impaciência com anseio. O anseio traz implícito um desejo ardente, mas não um conflito, enquanto na impaciência existe conflito, mas nenhum desejo. O anseio gera uma espera, mas não uma exigência – na impaciência há exigência, mas não espera. No anseio correm lágrimas silenciosas, na impaciência apenas um conflito incessante.

A verdade não pode ser possuída à força. A ela se chega pelo abandono, não pela luta. Ela é conquistada pelo abandono total.

Não espere resultados

O ego quer sempre resultados e a mente só deseja resultados. A mente nunca está interessada na ação em si, apenas nos resultados: "O que vou ganhar com isso?" Se a mente puder ganhar sem passar pela ação, sem dúvida escolherá o atalho.

É por isso que as pessoas instruídas se tornam muito espertas, porque sabem encontrar os atalhos. Ganhar dinheiro pelas vias legais pode levar uma vida inteira. Mas se você for capaz de ganhar dinheiro com contrabando, jogo, ou seja lá como for – tornando-se um líder político, um primeiro-ministro, um presidente –, então tem todos os atalhos a seu dispor. A pessoa instruída torna-se esperta. Ela não fica sábia, apenas inteligente. Torna-se tão astuciosa que quer ter tudo sem precisar fazer nada para isso.

A meditação só acontece àqueles que não estão interessados nos resultados. A meditação é um estado no qual o objetivo não interessa.

Aprecie a não-percepção

Quando estiver perceptivo, aprecie a percepção. Quando não estiver, aprecie esse estado. Não há nada de errado nisso, porque a não-percepção é como um repouso. Do contrário, a percepção se tornaria uma tensão. Se você ficar acordado por 24 horas, quantos dias acha que viverá? Sem comida, um homem sobrevive por três meses; sem dormir, em três semanas ele enlouquece e tenta o suicídio. Durante o dia você permanece em vigília, mas à noite relaxa, e esse relaxamento o ajuda a passar o dia mais perceptivo e revigorado. As energias passam por um período de repouso, portanto voltam revitalizadas pela manhã.

O mesmo acontece na meditação: por alguns momentos você se encontra perfeitamente perceptivo, no pico, e por alguns momentos está no vale, descansando. A percepção se foi, você a esqueceu. O que há de errado nisso?

É simples. Por meio da não-percepção, a percepção surge novamente, revigorada. Se for capaz de apreciar os dois estados, você se tornará o terceiro elemento, e este é o ponto que precisa ser entendido: se puder valorizar ambas as circunstâncias, você não é nem uma nem outra, e sim aquele que aprecia as duas. Algo que está além de você se faz presente.

Na verdade, essa é a verdadeira testemunha. Apreciamos a felicidade: o que há de errado nisso? Quando a felicidade se vai e ficamos tristes, o que há de errado com a tristeza? Aprecie-a. Depois que aprender a apreciar a tristeza, você não será nem uma coisa nem outra.

Valorize a tristeza e verá que ela tem um lado belo. A felicidade é um pouco superficial, mas a tristeza tem a sua própria profundidade. Um homem que nunca ficou triste vive só na superfície. A tristeza é como uma noite escura e profunda. A escuridão tem um silêncio próprio e a tristeza também. A felicidade borbulha, como um rio nas montanhas: é sonora. Nas montanhas, contudo, um rio nunca é muito profundo. Quando o rio chega à planície é que fica fundo, mas aí o som acaba. Ele corre como se não saísse do lugar. A tristeza tem essa profundidade.

Por que criar problemas? Quando estiver feliz, seja feliz e aproveite, mas não se identifique com essa felicidade. Deixe que seja um clima transitório e em constante mudança. A manhã muda até o início da tarde, o início da tarde muda até o pôr-do-sol e então chega a noite. Deixe que a felicidade seja um clima ao seu redor. Aprecie-a, mas, quando a tristeza chegar, aprecie-a também. Eu ensino que devemos ter prazer em todas as circunstâncias. Sente-se em silêncio e aprecie a tristeza, e subitamente já não será mais tristeza, terá se tornado um momento calmo e silencioso, bonito em si mesmo.

Há uma última alquimia, o ponto em que você percebe que não é nem uma coisa nem outra: nem felicidade nem tristeza. Você é aquele que observa os picos e os vales, mas já não é nem uma coisa nem outra.

Depois de chegar a esse ponto, você será capaz de alegrar-se com qualquer coisa, de festejar a vida e de celebrar a morte.

As máquinas ajudam, mas não produzem a meditação

No mundo todo têm sido desenvolvidas máquinas supostamente capazes de induzir a meditação: basta colocar fones de ouvido, relaxar e em 10 minutos você chegará ao estado de meditação.

Isso é completamente idiota, mas existe um motivo para essa idéia ter ocorrido aos técnicos. A mente funciona em um determinado comprimento de onda quando está desperta. Quando está sonhando, funciona em outro. Quando está completamente adormecida, funciona em um terceiro comprimento de onda. Mas nenhum desses estados é meditação.

Há milhares de anos chamamos a meditação de *turiya*, "a quarta". Quando alguém vai além do sono mais profundo e ainda assim está alerta, isso é meditação.

No entanto, esses mecanismos tecnológicos podem ser de imensa utilidade nas mãos certas. Podem ajudar a criar na sua mente o tipo de ondas que fazem com que você comece a relaxar, como se estivesse meio adormecido. Os pensamentos desaparecem aos poucos e em um dado momento tudo silencia. Nesse momento, as ondas são iguais às do sono profundo. Você não pode perceber que está nesse estágio, mas, depois de 10 minutos, quando é desligado da máquina, sente os efeitos: está tranqüilo, sossegado, calmo, sem nenhuma preocupação, sem tensões. A vida parece ser mais divertida e jovial. Você se sente como se tivesse tomado um banho por dentro: seu ser está tranqüilo e refrescado.

As máquinas tornam as coisas muito precisas porque não dependem de nossas ações. É como ouvir música: você se sente calmo, em harmonia.

Essas máquinas o levam até o terceiro estado, o de sono profundo, sem sonhos. Entretanto, pensar que isso é meditação é um engano. Certamente essa é uma boa experiência, mas quando você estiver naquele momento de sono profundo, se também for capaz de manter a percepção desde o começo, quando a mente começa a mudar as suas ondas... será preciso estar mais alerta, mais desperto, mais atento para o que está acontecendo. Verá, então, que a mente aos poucos adormece. Se for capaz de ver a mente adormecer, estará em meditação, pois aquele que está vendo a mente adormecer é o seu ser e esse é o objetivo de qualquer meditação autêntica.

As máquinas não podem produzir essa percepção. Você mesmo precisa criá-la, mas as máquinas certamente podem gerar, em 10 minutos, uma condição que você talvez leve anos de esforço para atingir.

Por isso sou totalmente a favor desses equipamentos de alta tecnologia. Meu único desejo é que as pessoas que estão disseminando essas máquinas em todo o mundo saibam que fazem um bom trabalho, mas que é um trabalho incompleto. Ele só estará completo quando a pessoa, no silêncio mais profundo, também estiver alerta, como uma pequena chama de percepção que continua a arder. Tudo ao redor escurece e surge o silêncio, a paz. Tudo desaparece, menos a chama estática da percepção. Portanto, se a máquina estiver nas mãos certas e as pessoas aprenderem que a coisa em si não acontecerá por intermédio dessa máquina, ela poderá criar o ambiente certo no qual a chama irá brotar, embora a chama só dependa de você.

Se por um lado sou a favor dessas máquinas, por outro me oponho a elas, porque muitas pessoas irão pensar: "Isso é meditação", e estarão enganadas. Essas máquinas, que logo estarão espalhadas pelo mundo inteiro, causarão um imenso dano. Tudo o que elas fazem é criar as ondas certas.

Os músicos podem aprender como são as ondas que essas máquinas produzem nas pessoas e começar a fazer o mesmo com os seus instrumentos. Eles podem criar essas ondas para que você comece a dormir! E, se você for capaz de permanecer acordado mesmo no sono mais profundo, quando perceber que no próximo segundo ficará inconsciente terá aprendido o segredo.

No Ocidente, contudo, a mente é vista como um mecanismo. Desejam reduzir tudo o que se conhece a um mecanismo e são capazes disso. Ainda assim há coisas que estão além da capacidade de qualquer máquina. A percepção não pode ser criada por uma máquina – está além do alcance de qualquer alta tecnologia.

O que a tecnologia tem a lhe oferecer certamente pode ser usado. Essas máquinas servem como um trampolim para a meditação e, depois que você tiver experimentado a percepção, talvez a máquina ainda possa ser útil para que essa sensação fique cada vez mais clara, de forma que a sua percepção se torne cada vez mais independente do silêncio criado pela máquina. Nesse momento você deverá começar a praticar sem a máquina e, quando puder meditar sem ela, a máquina terá sido de uma imensa utilidade.

Você não é aquilo que vivencia

É importante lembrar que, não importa o que venha a encontrar em sua jornada interior, você não será isso.

Você é aquele que está testemunhando – mesmo que não seja nada, quer seja a felicidade ou o silêncio –, mas não pode se esquecer de uma coisa: por mais linda e encantadora que seja a sua experiência, você não é aquilo.

Você é aquele que está tendo a vivência e, se continuar seguindo adiante, o ponto final da viagem será o ponto em que não restará nenhuma sensação – nem o silêncio, nem a felicidade, nem nada. Não há outro objeto senão a sua subjetividade.

O espelho está em branco. Não está refletindo nada. Ele é você.

Até mesmo os grandes viajantes do mundo interior se deixaram prender por belas sensações e se identificaram com elas, pensando: "Eu me encontrei." Pararam antes de alcançar a etapa final, em que todas as sensações desaparecem.

A iluminação não é uma sensação. É o estado no qual você fica absolutamente só, sem nada para conhecer ou saber. Não há outro objeto a ser observado, por mais bonito que seja. Apenas nesse momento a sua consciência, livre de qualquer objeto, se volta para a fonte.

Torna-se a realização pessoal. Torna-se a iluminação.

É preciso falar sobre a palavra "objeto". Todo objeto representa um obstáculo. O próprio significado da palavra é obstáculo, objeção.

O objeto pode estar fora de você, no mundo material, ou pode estar dentro, no seu mundo psicológico. Os objetos podem estar no seu coração, podem ser sentimentos, emoções, sensações, humores, e podem estar até mesmo no seu mundo espiritual. Podem provocar tamanho êxtase que não seja possível imaginar algo ainda maior. Muitos místicos do mundo pararam nesse êxtase. É um lugar bonito, um belo cenário, mas eles ainda não haviam chegado aonde deveriam.

Quando você chega a um ponto em que todas as sensações estão ausentes, em que não há nenhum objeto, então a consciência desobstruída gira em círculos – na existência, quando não há obstáculos, tudo se move em círculos –, ela vem da mesma fonte do seu ser, retorna a ela. Não encontrando nenhum obstáculo, ela se move para trás. O próprio sujeito se torna, então, o objeto.

Foi o que J. Krishnamurti disse durante sua vida inteira: quando o observador se torna o observado, deve saber que chegou lá. Antes disso há milhares de coisas no caminho. O corpo produz as próprias sensações, que ficaram conhecidas como as sensações dos centros da Kundalini: sete centros que se tornam sete flores de lótus. Cada um desses centros é maior do que o outro e mais alto, e a fragrância é embriagante. A mente lhe dá espaços grandes, ilimitados, infinitos, mas lembre-se da máxima fundamental: isso ainda não é o seu lar.

Aprecie a viagem e todas as cenas que surgirem ao longo do

caminho – as árvores, as montanhas, as flores, os rios, o sol, a lua e as estrelas –, mas não pare em lugar nenhum enquanto a sua própria subjetividade não houver se tornado o objeto de si mesma. Quando o observador é o observado, quando o conhecedor é o conhecido, quando o vidente for o visto, você terá chegado em casa.

Essa casa é o verdadeiro templo pelo qual temos procurado, em vidas seguidas, mas do qual nos perdemos, pois nos satisfazemos com experiências bonitas.

Aquele que procura e que tem coragem precisa deixar para trás todas essas experiências bonitas e seguir em frente. Quando todas as experiências se esgotam e apenas você permanece em sua solidão, não há êxtase maior, felicidade mais completa ou verdade mais verdadeira. Você terá chegado ao que chamo de "estado do divino", terá se tornado um deus.

A MEDITAÇÃO É UM "JEITO"

Meditar é algo tão misterioso que pode ser considerado uma ciência, uma arte e um "jeitinho", sem contradição alguma.

De um determinado ponto de vista é uma ciência, porque requer uma técnica bem definida para ser praticada. Quanto a isso não há exceção, é quase como uma lei científica.

De um outro ponto de vista, entretanto, também se pode dizer que meditar é uma arte. A ciência é uma extensão da mente – é matemática, lógica e racional. A meditação pertence ao coração, não à mente – não é lógica, é algo mais próximo do amor. Não é como outras atividades científicas, sendo mais semelhante à música, à poesia, à pintura, à dança. Por conta disso, pode ser considerada uma arte.

Mas a meditação é um mistério tão grande que chamá-la de "ciência" e "arte" não a define totalmente. É um "jeitinho", uma forma de fazer algo que você pode ou não aprender. Não é uma ciência, não é algo que possa ser ensinado. Também não é uma arte. Um "jeito" é uma das coisas mais misteriosas do conhecimento humano.

PARTE 3

AS MEDITAÇÕES

OSHO: AS MEDITAÇÕES ATIVAS

Todas as Meditações Ativas de Osho envolvem uma fase inicial de atividade – algumas vezes intensa e fisicamente exigente –, seguida por um período de silêncio. Todas elas são acompanhadas por músicas especialmente compostas para guiar aquele que medita pelos diferentes estágios.** Diferentes meditações são recomendadas para diferentes períodos do dia.*

Por que uma Meditação Ativa?

Se você for capaz de ficar sentado, as meditações não são necessárias. No Japão usa-se a palavra *zazen* ao se referir a meditação. Significa apenas sentar-se sem fazer nada, e esse é o ápice das meditações. Nada mais é necessário. Mas você consegue ficar sentado sem fazer nada? Se conseguir, tudo se resolve por conta própria. Mas a grande questão é: você consegue?

As pessoas me perguntam por que eu ensino as Meditações Ativas. Porque são o único meio de chegar à não-ação. Dance para

* Consulte sempre um médico antes de iniciar atividades físicas intensas.

** Uma lista completa dos CDs com as músicas disponíveis para as diferentes Meditações Ativas de Osho pode ser encontrada ao final deste livro.

o supremo, dance em um frenesi, dance alucinadamente e, se toda a sua energia estiver envolvida nisso, chegará um momento em que você verá que a dança está acontecendo por si mesma. Não é preciso esforço algum para mantê-la. É a ação sem ação.

Você só pode se mover para a passividade quando tudo o que está acumulado aí como lixo tiver sido jogado fora. Quando a raiva tiver sido jogada fora e a ganância também, camada após camada. Contudo, quando tiver se livrado delas, será fácil *entrar*. Nada mais o impedirá. Subitamente você encontra a luz brilhante da terra de Buda. Subitamente você está em outro mundo – o mundo da Lei do Lótus, o mundo do Dharma, o mundo do Tao.

Métodos poderosos para o despertar

Os métodos aqui apresentados não são realmente meditações. Na verdade, servem para você entrar em sintonia. É como se tivesse a oportunidade de assistir a uma apresentação de músicos clássicos indianos: durante meia hora, algumas vezes até mais, eles apenas afinam os instrumentos. Os instrumentistas mexem nas cravelhas, tensionando ou afrouxando as cordas, enquanto o percussionista verifica suas tablas, estejam os instrumentos perfeitos ou não. Não estão fazendo música, é só uma preparação.

A Kundalini, na verdade, não é uma meditação, é só uma preparação. Você está preparando o seu instrumento. Quando estiver pronto, permaneça em silêncio, e só então a meditação começa. Então você estará completamente presente. Seu corpo será despertado para a meditação pulando, dançando, respirando, gritando. Essas atividades são maneiras de deixá-lo um pouco mais alerta do que você normalmente está. Depois que estiver alerta vem a espera. Esperar é meditação. Esperar em plena percepção. Então ela vem, como se algo descesse sobre você, algo que o envolve, brinca ao seu redor, dança ao seu redor, limpando, purificando e transformando sua alma.

Um fenômeno relacionado à energia

A meditação é um fenômeno relacionado à energia. Há uma lei básica que precisa ser compreendida em relação a todos os tipos de energia: a energia circula de acordo com uma dupla polaridade. Essa é a única maneira pela qual ela se desloca, não existe nenhuma outra.

Para que a energia se torne dinâmica, é necessário um pólo oposto. Exatamente como acontece com a eletricidade, que circula entre os pólos negativo e positivo. Se houvesse apenas um deles, não haveria eletricidade. São necessários dois pólos. Quando os dois pólos se encontram, criam eletricidade – nesse momento surge a faísca.

Isso se aplica a todos os tipos de fenômenos. A vida segue este ritmo: entre homem e mulher, a polaridade. A mulher é a energia vital negativa; o homem é o pólo positivo. Eles são elétricos – daí a grande atração. Se houvesse apenas homens, a vida acabaria; se houvesse apenas mulheres, também não poderia haver vida, só morte. Entre o homem e a mulher existe um equilíbrio. Entre o homem e a mulher – dois pólos, duas margens opostas – o rio da vida flui.

Para onde quer que você olhe, encontrará a mesma energia movendo-se, equilibrando-se entre dois pólos.

Essa polaridade é muito significativa para a meditação porque a mente é lógica e a vida é dialética. Quando digo que a mente é lógica, isso significa que a mente se move em linha reta. Quando digo que a vida é dialética, isso significa que a vida se move junto com seu oposto, não em linha reta. Ela ziguezagueia do negativo para o positivo – do positivo para o negativo, do negativo para o positivo: ela *usa* os opostos.

A mente se move em linha reta, uma linha reta simples. Nunca se move para o oposto – ela nega o oposto. Ela acredita em um e a vida acredita em dois.

Portanto, o que quer que a mente crie, sempre escolhe o um. Se a mente escolhe o silêncio – se a mente se cansa de todo o ruído que é criado na vida e decide ficar silenciosa –, a mente vai para o Himalaia. Ela quer ficar silenciosa, não quer ouvir nenhum ruído. Até mesmo a canção dos pássaros ou a brisa que sopra nas árvores são fontes de perturbação. A mente quer o silêncio, ela escolheu sua linha. Agora o oposto precisa ser negado completamente.

Mas esse homem que vai morar no Himalaia – buscando o silêncio, evitando os outros, o oposto – ficará morto; certamente ficará apático. E quanto mais escolhe ficar silencioso, mais apático se torna, porque a vida precisa do desafio do oposto.

Existe um tipo diferente de silêncio, que se manifesta entre dois opostos. O primeiro é um silêncio morto, o silêncio do cemitério. Um homem morto está silencioso, mas você não gostaria de estar morto. Ninguém pode perturbá-lo, a concentração dele é perfeita. Nada irá distrair a mente dele: ela está absolutamente fixa. Mesmo que o mundo inteiro enlouqueça, ele permanecerá concentrado. Ainda assim você não gostaria de estar morto.

O silêncio deve acontecer quando você está absolutamente vivo, vigoroso, transbordando de vida e energia. Então ele faz sentido. Nesse caso, no entanto, o silêncio adquire uma característica totalmente diferente. Não será apático, mas vivo. Será um equilíbrio sutil entre os dois pólos.

O homem que busca um equilíbrio vivo, um silêncio vivo, gostaria de se mudar tanto para o centro da cidade quanto para o Himalaia. Ele gostaria de ir para o centro da cidade para apreciar o barulho e também gostaria de ir para o Himalaia para apreciar o silêncio. Ele não só produz um equilíbrio entre esses dois pólos opostos como também permanece nesse equilíbrio, um equilíbrio que não pode ser alcançado por um esforço linear.

É disso que trata a técnica zen do esforço sem esforço. Ela usa termos contraditórios – esforço sem esforço, portão sem portão ou caminho sem caminho.

O Zen sempre usa termos contraditórios para dar a idéia de que o processo é dialético, não linear. O oposto não é para ser negado, mas absorvido. O oposto não é para ser deixado de lado, precisa ser usado. Se for deixado de lado, será sempre um fardo. Deixado de lado, ficará preso a você. Se não for usado, você perderá muitas coisas.

A energia pode ser convertida e usada. E, ao usá-la, você se tornará mais vigoroso, mais vivo. O oposto precisa ser absorvido para que o processo se torne dialético.

Sem esforço significa não fazer nada, a inatividade – *akarma.*

Com esforço significa fazer muito, a atividade – *karma.* Ambos têm de existir.

Faça muitas coisas, mas não transforme sua vida em um fazer. Dessa forma você conseguirá as duas coisas. Mova-se dentro do mundo, mas não seja parte dele. Viva no mundo, mas não deixe o mundo viver em você.

Então a contradição terá sido absorvida.

É isso o que estou fazendo. A meditação dinâmica é uma contradição. A palavra "dinâmica", no caso, se refere a esforço, muito esforço, um esforço absoluto. E meditação significa silêncio, passividade, inatividade. Você pode chamá-la de meditação dialética.

OSHO: MEDITAÇÃO DINÂMICA*

CATARSE E CELEBRAÇÃO

Quando o sono é quebrado, toda a natureza se torna viva. A noite se foi, não há mais escuridão, o sol está saindo e todas as coisas se tornam conscientes e alertas. Esta primeira meditação, portanto, é uma meditação na qual você precisa estar continuamente alerta, consciente e perceptivo em tudo o que fizer.

Instruções

A Meditação Dinâmica de Osho dura uma hora e possui cinco etapas. Pode ser feita individualmente, mas a energia será maior se for feita em grupo.

É uma experiência individual, portanto evite prestar atenção àqueles que estão ao seu redor e mantenha seus olhos fechados o tempo todo, de preferência usando uma venda.

É melhor estar com o estômago vazio e usar roupas folgadas.

---

* *A Meditação Dinâmica de Osho é acompanhada por música composta sob a orientação de Osho. A música serve para fornecer um suporte energético e sinalizar o começo de cada etapa da técnica de meditação. No final deste livro você encontrará informações sobre onde obter os CDs com as músicas.*

Primeira etapa: 10 minutos

Inspire e expire rapidamente pelo nariz, de maneira intensa e caótica. A respiração deve entrar profundamente nos pulmões. Respire o mais rápido possível, assegurando-se de que a respiração seja realmente profunda. Respire com o máximo de intensidade que puder, sem contrair seu corpo, mantendo o pescoço e os ombros relaxados. Continue até se tornar, literalmente, a respiração. Assim que a sua energia estiver circulando, começará a mover o seu corpo. Deixe que esses movimentos se propaguem, usando-os para gerar ainda mais energia. Mover os braços e o corpo de um modo natural ajuda sua energia a subir. Sinta a sua energia aumentar; não relaxe durante a primeira etapa e nunca reduza a velocidade.

Segunda etapa: 10 minutos

Acompanhe o seu corpo. Dê liberdade para que ele expresse tudo o que estiver lá... EXPLODA!... Deixe o seu corpo assumir o controle. Livre-se de tudo o que precisa ser jogado fora. Fique totalmente maluco... Cante, ria, grite, chore, pule, berre, dance, chute e jogue o corpo para todos os lados. Não prenda nada, movimente o corpo inteiro. A agitação muitas vezes ajuda a animar. Em nenhum momento permita que a sua mente interfira no que está acontecendo. Lembre-se de entregar-se totalmente ao seu corpo.

Terceira etapa: 10 minutos

Com os ombros e o pescoço relaxados, levante os braços o mais alto que puder sem forçar os cotovelos. Com os braços levantados, pule sem parar gritando o mantra: HU!... HU!... HU!, tão intensamente quanto possível. Toda vez que tocar o chão com a planta dos pés, sinta o som martelar profundamente o seu centro sexual. Dê tudo o que tem, exaurindo-se totalmente.

Quarta etapa: 15 minutos

Pare! Congele na posição em que se encontra no momento. Não recomponha o corpo de forma alguma. Uma tosse, um movimento, qualquer coisa dissipará o fluxo de energia e o esforço será perdido. Seja uma testemunha de tudo o que está acontecendo.

Quinta etapa: 15 minutos

Comemore e celebre com música e dança, expressando a sua gratidão para com o todo. Carregue sua alegria com você ao longo do dia.

Lembre-se, permaneça uma testemunha

Nessa meditação você deve estar continuamente alerta, consciente e perceptivo em tudo o que fizer. A primeira etapa é a respiração; a segunda, a catarse; a terceira, o mantra, o *mahamantra* "hu". Permaneça uma testemunha, não se perca.

É fácil se perder. Enquanto está respirando, você pode se esquecer. Pode se tornar um com a respiração a tal ponto que esqueça a testemunha. Se isso acontecer, terá perdido o sentido. Respire tão rápido e tão profundamente quanto possível, colocando toda a sua energia nisso, mas ainda assim continue sendo uma testemunha.

Observe o que está acontecendo como se fosse apenas um espectador, como se tudo estivesse acontecendo com outra pessoa, como se estivesse acontecendo com seu corpo, enquanto sua consciência está centrada e observando.

Esse testemunhar precisa ser feito nas três etapas iniciais. Quando tudo parar e, na quarta etapa, você se encontrar completamente inativo, congelado, então estará completamente alerta.

Alguém disse que a meditação que estamos fazendo aqui parece ser uma completa loucura. E é! Mas tem um motivo para ser assim. É uma loucura com um método: foi conscientemente escolhida. Lembre-se, não se pode enlouquecer voluntariamente.

A loucura toma posse de você. Somente então é possível ficar louco. Se você decide ficar louco, trata-se de algo completamente diferente. Você está no controle e aquele que é capaz de controlar até mesmo a própria loucura jamais ficará louco.

Algumas reações podem ocorrer em seu corpo como resultado da profunda catarse da Meditação Dinâmica:

Se você sentir dor, preste atenção nela, mas não faça nada. A atenção é a grande espada – ela corta tudo. Basta prestar atenção na dor.

Não importa o que aconteça. Você pode até sentir dor, uma dor forte no estômago ou na cabeça – isso é possível porque, durante a meditação, todo o corpo é alterado. Sua química é alterada. Novas coisas começam a acontecer e o corpo está em um estado caótico. Algumas vezes o estômago pode ser afetado, porque o estômago retém muitas emoções e todas elas são mexidas. Algumas vezes você pode sentir enjôo ou vontade de vomitar. Algumas vezes sentirá uma dor aguda na cabeça porque a meditação está alterando a estrutura interna de seu cérebro. Logo as coisas irão se acalmar, mas, por algum tempo, as coisas estarão completamente deslocadas.

O que você deve fazer, então? Simplesmente veja a dor na cabeça, observe-a. Seja um observador. Basta esquecer-se de que é um fazedor e, aos poucos, tudo se aquieta, e se aquieta com tanta beleza e graça que você não irá acreditar até ter experimentado isso. A dor na cabeça desaparecerá, porque a energia que estava criando a dor, se observada, desaparece e se torna prazer. A energia é a mesma. Dor ou prazer são duas dimensões da mesma energia.

Osho advertiu que essa abordagem da testemunha não deveria se tornar outro fanatismo. Se sintomas físicos desagradáveis – como dores, dor de cabeça ou náusea – persistirem durante mais de três ou quatro dias de meditação diária, não é necessário ser masoquista: procure um médico. Isso se aplica a todas as técnicas de meditação de Osho. Divirta-se!

Dicas úteis

O meu método da Meditação Dinâmica começa com a respiração porque ela tem raízes profundas no ser. Pode ser que você ainda não tenha notado, mas, se for capaz de mudar a sua respiração, poderá mudar muitas coisas. Se observar com atenção, vai ver que, quando está com raiva, sua respiração tem um determinado ritmo. Quando está apaixonado, o ritmo é totalmente diferente. Quando está relaxado, você respira de maneira diferente de quando está tenso. Você não seria capaz de respirar como quando está relaxado e ficar com raiva ao mesmo tempo. Isso é impossível.

Quando você está sexualmente excitado, a sua respiração se altera. Se não deixar a respiração se alterar, a sua estimulação sexual cessará automaticamente. Isso quer dizer que a respiração está profundamente relacionada com o seu estado mental. Se mudar o ritmo da sua respiração, poderá alterar o seu estado mental. Da mesma forma, se mudar o seu estado mental, a respiração será alterada.

Por isso começo com a respiração e sugiro 10 minutos de respiração caótica na primeira etapa da técnica. Uma respiração caótica significa uma respiração profunda, rápida, vigorosa, sem nenhum ritmo – apenas inspirando e expirando, inspirando e expirando, da maneira mais intensa possível. Inspire e depois expire.

Esse tipo de respiração serve para gerar um caos dentro de um sistema reprimido. O seu jeito de ser – seja ele qual for – requer um determinado tipo de respiração. Uma criança respira de uma certa maneira. Uma pessoa sexualmente reprimida respira de outra forma. Ela não pode respirar profundamente porque a respiração profunda atinge o centro sexual. Se você for medroso, não pode respirar profundamente, pois o medo deixa a respiração rasa, superficial.

A respiração caótica é para destruir todos os seus padrões anteriores. Não importa o que você fez de si mesmo, essa respiração caótica irá destruir isso. A respiração caótica cria um caos porque, a menos que esse caos seja criado, você não será capaz de liberar as suas emoções reprimidas. E essas emoções já fazem parte de seu corpo.

Você não é o corpo *e* a mente; você é corpo/mente, psico/somático. É as duas coisas juntas. Portanto, o que quer que seja feito com seu corpo irá atingir a mente e o que foi feito com a mente atingirá o corpo. Corpo e mente são os dois extremos da mesma entidade.

Dez minutos de respiração caótica é uma coisa maravilhosa! Mas deve ser caótica mesmo. Não se trata de um tipo de *pranayama*, a respiração iogue. O objetivo é produzir o caos por meio da respiração, e ela produz o caos por muitas razões.

A respiração profunda e rápida lhe fornece mais oxigênio. Quanto mais oxigênio há em seu corpo, mais vivo você se torna, maior sua natureza animal. Os animais estão vivos e o homem está semimorto, semivivo. Você precisa ser transformado outra vez em animal. Só então algo superior poderá se desenvolver dentro de si.

Se estiver apenas semivivo, não será possível fazer nada com você, por isso a respiração caótica o transforma em um animal: vivo, vibrante, vivaz, com mais oxigênio no sangue e mais energia nas células. As células do seu corpo ficarão mais vivas. Essa oxigenação ajuda a produzir a eletricidade corporal, que também pode ser chamada de bioenergia. Quando há eletricidade no corpo, você pode ir fundo dentro dele, pode ir além de si mesmo. A eletricidade vai circular dentro de você.

O corpo tem as suas próprias fontes elétricas. Se jogar mais respiração e mais oxigênio sobre essas fontes, elas começarão a fluir. E, se você ficar realmente vivo, não será mais um corpo. Quanto mais vivo estiver, mais a energia fluirá no seu organismo e menos você se perceberá fisicamente. Sua sensação será mais de energia e menos de matéria.

Sempre que estiver mais vivo, você não sentirá tanto o corpo. Essa é uma das razões pelas quais o sexo gera tanta atração: se estiver realmente entregue ao ato, se estiver totalmente dedicado aos seus movimentos, totalmente vivo, então você não será mais um corpo, mas pura energia. É importante sentir essa energia, estar vivo com essa energia, é algo fundamental para poder avançar.

A segunda etapa da minha técnica da Meditação Dinâmica é uma catarse. Eu peço que você fique *conscientemente* louco. Expresse aquilo que surgir em sua mente, *seja lá o que for*. Coopere, não resista. Trata-se apenas de um fluxo de emoções.

Se quiser gritar, grite. Um grito intenso e pleno, no qual todo o seu ser esteja envolvido, é profundamente terapêutico. Muitas coisas, muitas doenças serão liberadas pelo grito. Se o grito for pleno, envolverá todo o seu ser.

Portanto, durante os próximos 10 minutos (esta segunda etapa também dura 10 minutos), permita se expressar chorando, dançando, gritando, choramingando, saltando, rindo – "alucinando", como dizem. Dentro de alguns dias, você sentirá o efeito.

No princípio pode parecer forçado ou até mesmo fingido. Nos tornamos tão falsos que não conseguimos fazer nada verdadeiro. Não rimos, não choramos, não gritamos, não fazemos nada de maneira autêntica. Tudo é apenas uma fachada, uma máscara. Portanto, quando começar a praticar essa técnica, ela pode lhe parecer forçada. Talvez seja necessário fazer uma encenação. Não se preocupe com isso e siga em frente. Logo você encontrará as fontes em que reprimiu todos os seus sentimentos. Tocará essas fontes e, depois que forem liberadas, você se sentirá aliviado. A vida se renovará, haverá um novo nascimento.

Esse alívio é fundamental, e sem ele o homem, tal como está, não é capaz de meditar, a meditação não acontece. Não estou considerando as exceções, que são irrelevantes.

Nessa segunda etapa – quando as coisas são jogadas fora – é como se você se esvaziasse. O significado de estar vazio é estar livre de todas as repressões. Nesse vazio é possível fazer alguma coisa. Pode acontecer uma transformação; pode acontecer a meditação.

Na terceira etapa, eu uso o som *hu*. Muitos sons foram usados no passado. Cada som está relacionado a uma coisa específica. Por exemplo, os hindus usam o som *om*. Talvez você já esteja acostumado com esse som, mas não vou sugerir o *om*. O *om* bate no centro do coração, e o homem já não está mais centrado no coração. O *om* vai bater numa porta onde não há ninguém para atender.

Os sufis usam o *hu*. Se você disser *hu* em voz alta, esse som vai direto ao centro sexual. Ele é usado como um martelar interior. Depois de ter-se esvaziado de tudo, esse som poderá se propagar dentro de você.

A propagação do som só é possível quando você estiver vazio. Se estiver cheio de repressões, nada vai acontecer. Algumas vezes é até mesmo perigoso usar um mantra ou som quando você está cheio de repressões. Cada camada de repressão altera o caminho do som e o resultado final poderá ser inesperado, indesejado. A mente precisa estar desocupada para que o mantra possa ser usado.

Nunca sugiro um mantra a alguém antes que a pessoa tenha feito uma catarse. O mantra *hu* jamais deve ser praticado sem que as duas primeiras etapas anteriores tenham sido completadas. O som nunca deve ser pronunciado antes delas. Só na terceira etapa (durante 10 minutos) é que o *hu* pode ser entoado o mais alto possível, empenhando-se toda a energia nisso. Você irá martelar a sua energia com o som. Quando estiver vazio – depois de se esvaziar pela catarse da segunda etapa –, o *hu* irá se aprofundar dentro de você e bater no centro sexual.

O centro sexual pode ser atingido de duas maneiras. A primeira é naturalmente. Toda vez que você se sente atraído por um parceiro do sexo oposto, o centro sexual é atingido de fora para dentro. Esse golpe também é uma vibração sutil. Por que um homem se sente atraído por uma mulher ou uma mulher por um homem? O que existe neles que causa essa atração? Uma eletricidade positiva ou negativa, uma vibração sutil, os atinge. É um som, realmente. Você já deve ter observado que os pássaros usam o som para atrair o outro sexo. Todos os seus cantos são sexuais. Eles emitem para os outros repetidamente determinados sons, e esses sons atingem os centros sexuais dos pássaros do sexo oposto.

As vibrações elétricas sutis chegam até você de fora para dentro. Quando o seu centro sexual é atingido de fora para dentro, a sua energia começa a fluir para fora – para o outro. Então acontece a reprodução, o nascimento. Uma outra pessoa nascerá a partir de você.

O som *hu* atinge o mesmo centro energético, mas de dentro. Quando o centro sexual é atingido de dentro, a energia começa a fluir internamente. Esse fluxo interior de energia irá transformá-lo completamente. Você dará à luz a si mesmo.

Você só é transformado quando a sua energia se propaga em uma direção totalmente oposta. Agora mesmo ela está fluindo para fora, mas começará a fluir internamente. Agora ela desce, depois irá subir. Esse fluxo ascendente da energia é conhecido como Kundalini. É possível senti-la fluindo de fato pela sua coluna vertebral, e, quanto mais ela sobe, mais elevado será o uso que você fará dela. Quando essa energia alcança o *brahmarandhra* – o seu sétimo e último centro, situado no alto da cabeça –, você se torna o homem mais elevado possível.

Na terceira etapa, eu uso o som *hu* como um veículo para fazer a sua energia se elevar. Esses três primeiros passos são catárticos. Não são uma meditação – apenas uma preparação para a meditação. A preparação antes do salto, não o próprio salto.

A quarta etapa é o salto. Na quarta etapa eu lhe digo que *pare!* Quando eu disser "Pare!", pare totalmente. Não faça nada, porque qualquer coisa que fizer poderá se tornar uma distração e você perderá o ponto essencial. Qualquer coisa – uma simples tosse ou um espirro – pode fazer com que você perca tudo porque a mente terá se distraído. A sua atenção terá se deslocado e o fluxo ascendente será interrompido imediatamente.

Não faça nada. Você não vai morrer. Mesmo que tenha vontade de espirrar, se não espirrar por 10 minutos, não vai morrer por causa disso. Se tiver vontade de tossir, se sentir uma irritação na garganta e não fizer nada, também não vai morrer. Deixe o seu corpo permanecer morto, de modo que a energia possa entrar num fluxo ascendente.

Conforme a energia começar a subir, você se tornará cada vez mais silencioso. O silêncio é o subproduto da energia que sobe, e a tensão é o subproduto da energia que desce. Agora, o seu corpo inteiro ficará tão silencioso como se tivesse desaparecido. Você não poderá mais sentir seu corpo. E, quando estiver silencioso, a existência inteira ficará em silêncio, porque a existência nada mais é que um espelho. Em milhares de espelhos, é você que ela reflete. No seu silêncio, eu lhe direi que seja apenas uma testemunha, completamente alerta: sem fazer *nada*, permanecendo apenas uma testemunha, permanecendo com você; sem fazer nada – nenhum movimento, nenhum desejo, nenhum impulso –, apenas presente ali, naquele momento, testemunhando em silêncio o que está acontecendo.

Essa permanência no centro, dentro do seu próprio eu, só é possível por causa das três primeiras etapas. A menos que elas sejam concluídas, você não poderá permanecer consigo mesmo. Poderá continuar falando sobre isso, pensando nisso, sonhando com isso, mas nada acontecerá porque você não estará pronto.

Essas três primeiras etapas o preparam para permaner junto com o momento. Elas o deixam perceptivo: isso é meditação. Nessa meditação acontece alguma coisa que está além das palavras. Depois de acontecer pela primeira vez, você nunca mais será o mesmo. Não é uma experiência, e sim um crescimento.

OSHO: MEDITAÇÃO KUNDALINI*

Instruções

Esta é uma meditação muito querida, irmã da Meditação Dinâmica. Ela consiste em quatro etapas de 15 minutos cada.

Primeira etapa: 15 minutos

Relaxe, solte-se e então deixe o corpo todo tremer, sentindo as energias subirem a partir dos seus pés. Esqueça tudo e torne-se o próprio tremor. Tanto faz se os seus olhos estiverem abertos ou fechados.

Segunda etapa: 15 minutos

Dance da maneira que quiser e deixe o corpo todo seguir no ritmo que desejar.

Terceira etapa: 15 minutos

Feche os olhos e fique imóvel, sentado ou em pé, testemunhando tudo o que estiver acontecendo dentro e fora de você.

---

* A Meditação Kundalini de Osho é acompanhada por música composta sob a orientação de Osho. A música serve para fornecer um suporte energético e sinalizar o começo de cada etapa da técnica de meditação.

Quarta etapa: 15 minutos

Mantendo os olhos fechados, deite-se e permaneça imóvel.

Se estiver fazendo a Meditação Kundalini, *permita* que o tremor tome conta de você, não *gere* o tremor. De pé, em silêncio, sinta o tremor surgir e, quando o seu corpo começar a tremer um pouco, ajude-o, mas não provoque a tremedeira. Aprecie, sinta-se feliz por isso, deixe acontecer, receba os movimentos, acolha-os, mas não os faça.

Ao forçar o tremor, ele se torna um exercício físico e fica apenas na superfície. Internamente, você permanecerá rijo, sólido como uma rocha, duro como uma pedra. Continuará sendo o manipulador, e o corpo irá apenas acompanhá-lo. O corpo não está em questão: você é que está.

Quando digo tremer, quero dizer com isso que você sacuda a sua dureza, fazendo com que seu ser enrijecido trema até as bases, de modo a tornar-se líquido, fluido, fundido, em fluxo.

Quando o seu ser enrijecido se tornar um líquido, o seu corpo o acompanhará. Então não haverá um agitador, apenas agitações. Então ninguém será a causa da tremedeira, ela simplesmente acontecerá. O fazedor, aquele que faz, deixou de existir.

OSHO: MEDITAÇÃO NATARAJ*

Instruções

Nataraj é apenas dança. É a dança como meditação total.
Desapareça nessa dança.
Há três etapas, durando ao todo 65 minutos.

Primeira etapa: 40 minutos

Com os olhos fechados, dance como se estivesse possuído. Deixe o seu inconsciente assumir o controle totalmente. Não oriente os seus movimentos nem seja uma testemunha do que está acontecendo. Apenas coloque-se totalmente na dança.

Segunda etapa: 20 minutos

Mantendo os olhos fechados, deite-se imediatamente. Permaneça calado e imóvel.

Terceira etapa: 5 minutos

Dance em celebração e divirta-se.

---

* *A Meditação Nataraj de Osho é acompanhada por música composta sob a orientação de Osho. A música serve para fornecer um suporte energético e sinalizar o começo de cada etapa da técnica de meditação.*

Deixe a dança fluir de sua própria maneira, não a force. Em vez disso, acompanhe-a; deixe acontecer. Não é um fazer, mas um acontecer. Mantenha-se festivo. Você não está fazendo algo sério, está apenas brincando, brincando com a sua energia vital, brincando com a sua bioenergia, deixando-a circular à vontade, da sua maneira peculiar. Assim como o vento sopra e as águas do rio fluem, você está fluindo e soprando. Sinta isso.

E seja um brincalhão. Lembre-se sempre da palavra "brincalhão" – para mim, ela é fundamental. Dizemos que a criação é a *leela* de Deus: a brincadeira de Deus. Deus não criou o mundo. O mundo é sua brincadeira.

Esqueça o dançarino, o centro do ego; torne-se a dança. Essa é a meditação. Dance intensamente, a ponto de se esquecer por completo que "você" está dançando e começar a sentir que é a própria dança. Quando a divisão desaparecer, a dança terá se tornado uma meditação. Se a divisão persistir, será um mero exercício: bom, saudável, mas não poderá ser considerado espiritual. Não passa de uma simples dança. A dança em si é boa, até onde ela se propõe a chegar. Após dançar, você se sentirá revigorado e jovem, mas isso ainda não é uma meditação. O dançarino precisa seguir em frente até restar apenas a dança.

O que você deve fazer? Entregue-se totalmente à dança, porque só haverá uma divisão se você não estiver totalmente entregue. Se ficar de lado, observando-se dançar, aí surge a divisão: você é o dançarino e está dançando. Nesse caso, a dança é apenas um ato, mas não é o seu ser. Portanto, envolva-se totalmente, procure fundir-se na dança.

Não se separe, não seja um observador.

Participe!

OSHO: MEDITAÇÃO NADABRAHMA*

Instruções

Nadabrahma é uma antiga técnica tibetana originalmente realizada nas primeiras horas da manhã. Pode ser feita em qualquer hora do dia, a sós ou com outras pessoas, mas tem de ser praticada com o estômago vazio, devendo-se permanecer inativo por pelo menos 15 minutos. A meditação tem três etapas e dura uma hora.

Primeira etapa: 30 minutos

Sente-se em uma posição relaxada, com os olhos fechados e os lábios cerrados. Comece a murmurar o som hum *com a boca fechada, alto o bastante para ser ouvido pelos outros e criar uma vibração em todo o seu corpo. Você pode visualizar um tubo oco ou um recipiente vazio, preenchidos apenas com as vibrações do zumbido. Chegará um momento em que o zumbido continuará por si mesmo e você se tornará o ouvinte. Não é preciso fazer nenhuma respiração especial e você pode alterar o tom ou mover o corpo devagar e suavemente se achar necessário.*

---

* A Meditação Nadabrahma de Osho *é acompanhada por música composta sob a orientação de Osho. A música serve para fornecer um suporte energético e sinalizar o começo de cada etapa da técnica de meditação.*

Segunda etapa: 15 minutos

A segunda etapa é dividida em duas partes iguais de sete minutos e meio cada. Na primeira metade, faça com as mãos, com as palmas voltadas para cima, um movimento circular para fora. Começando no umbigo, mova as mãos para a frente e depois as separe e faça dois círculos grandes, idênticos e espelhados, em sentidos opostos, à esquerda e à direita. O movimento deve ser tão lento que às vezes poderá parecer não haver movimento nenhum. Sinta-se como se estivesse transferindo energia para o universo.

Depois de sete minutos e meio, vire as palmas para baixo e comece a mover suas mãos na direção contrária. Agora elas voltam juntas para o umbigo e se abrem para os lados do corpo. Sinta como se estivesse atraindo energia. Como na primeira etapa, não iniba qualquer movimento suave e lento do restante do seu corpo.

Terceira etapa: 15 minutos

Sente-se ou deite-se, imóvel, em absoluto silêncio.

Nadabrahma para casais

Osho apresentou uma bela variação dessa técnica para casais.

Os parceiros sentam-se de frente um para o outro, cobertos por um lençol e segurando as mãos um do outro entrelaçadas. É melhor não usar nenhuma roupa. O aposento deve estar iluminado apenas pela luz de quatro velas pequenas e deve-se queimar um incenso especial, reservado unicamente para esta meditação.

Fechem os olhos e murmurem o som *hum* com os lábios fechados durante 30 minutos. Depois de algum tempo é possível sentir as energias se encontrarem, se aprofundarem e se unirem.

QUALQUER COISA PODE SER MEDITAÇÃO

Este é o segredo: desautomatize-se. Se podemos desautomatizar as nossas atividades, então tudo na vida se torna uma meditação. E aí qualquer coisa, por mais insignificante que seja, como tomar um banho de chuveiro, fazer uma refeição ou conversar com um amigo, tudo se transforma em meditação. A meditação é um potencial, uma capacidade que temos e que pode ser projetada ou transferida para qualquer coisa. Não é uma ação específica. Há pessoas que pensam dessa forma, acreditando que a meditação seja um ato isolado em que você se senta de frente para o leste, repete determinados mantras, queima um pouco de incenso, faz isso e aquilo num determinado momento e de uma determinada maneira, acompanhados por determinados gestos. A meditação não tem nada a ver com isso. Todas essas são maneiras de automatizar a meditação e a meditação é contra a automatização.

Portanto, enquanto estiver atento, qualquer atividade poderá ser uma meditação e você poderá aproveitar algum movimento imensamente.

Correr, andar e nadar

É natural e fácil manter-se alerta enquanto se está em movimento. Quando se está sentado em silêncio, o mais natural é pegar no sono e adormecer. É muito difícil manter-se desperto quando se está deitado na cama, porque a situação o ajuda a pegar no sono. O movimento naturalmente faz com que o corpo fique alerta e não é possível dormir. O único problema é que o movimento pode se tornar mecânico.

Aprenda a fundir corpo, mente e alma. Descubra maneiras de funcionar como um todo, por inteiro.

Isso costuma acontecer com quem corre. Talvez você não imagine uma corrida como uma forma de meditação, mas os corredores muitas vezes têm uma vivência muito forte de meditação. E se surpreendem, porque não era isso o que estavam procurando – quem pensaria que um corredor iria ter uma experiência divina? Mas acontece. E hoje em dia, cada vez mais, correr está se tornando uma nova modalidade de meditação.

Você já correu por esporte? Gostava de correr de manhã bem cedo, quando o ar está fresco e puro, quando o mundo inteiro desperta de uma noite de sono para um novo dia? Você estava correndo e o seu corpo funcionava harmoniosamente, o ar estava fresco, o mundo renascia, a vida cantava ao seu redor, você se sentia tão vivo... Chega um momento em que o corredor desaparece e só a corrida permanece. O corpo, a mente e a alma começam a funcionar juntos e, de repente, ocorre um orgasmo interior.

Alguns corredores já tiveram acidentalmente a sensação dessa quarta dimensão, *turiya*. Pensam que foi só por causa da corrida que o momento lhes pareceu tão belo: era um lindo dia, o corpo estava saudável e o mundo era belo, então tudo não passou de um determinado clima. Os corredores não percebem o que acontece, mas, se prestarem atenção, a minha opinião é de que um corredor pode se aproximar da meditação muito mais facilmente do que qualquer outra pessoa.

Caminhar ou nadar também podem dar um ótimo resultado. Todas essas atividades devem ser transformadas em meditação.

Esqueça as antigas idéias sobre meditação, segundo as quais basta ficar sentado embaixo de uma árvore em postura de ioga para estar meditando. Essa é apenas uma das maneiras de meditar e pode ser satisfatória para alguns, mas não para todos. Para uma criança pequena, isso não é meditação, é tortura. Para um jovem ativo e vibrante, isso é repressão, não meditação.

Comece a correr de manhã. Comece praticando, correndo menos de um quilômetro, até chegar a pelo menos três quilômetros. Enquanto estiver correndo, procure usar todo o corpo: não corra como se estivesse em uma camisa-de-força. Movimente-se como uma criança, usando o corpo inteiro, mãos e pés, para correr. Respire fundo, a partir do abdômen. Depois, sente-se embaixo de uma árvore, descanse, transpire e sinta o frescor da brisa; sinta-se em paz. Isso terá um efeito extremamente positivo.

Às vezes basta sentar-se no chão e descalçar os sapatos para sentir o frescor, a suavidade, o calor da grama ou da terra. Seja o que for que a terra esteja pronta para lhe dar, basta sentir e deixar fluir por você. Deixe a sua energia fluir de volta para a terra. Sinta a sua ligação com a terra.

Se você estiver ligado à terra, estará ligado à vida. Se estiver ligado à terra, estará ligado ao seu corpo. Ficará também muito sensível e centrado, o que é essencial.

Nunca se torne um especialista em corridas. Continue sendo um amador para não perder essa capacidade de se manter alerta. Se em algum momento você achar que a corrida se tornou automática, pare de correr e experimente nadar. Quando a natação se tornar automática, experimente a dança. O importante é lembrar que o movimento é apenas um pretexto para criar a percepção. Enquanto estiver criando percepção, o movimento será bom. Contudo, se não criar percepção alguma, não terá mais utilidade. Passe para outro tipo de movimento em que seja preciso permanecer alerta. Nunca deixe que uma atividade se torne automática.

Meditação pelo riso

Instruções

Toda manhã, ao acordar, antes de abrir os olhos, alongue-se como um gato. Alongue cada fibra do seu corpo. Depois de três ou quatro minutos, com os olhos ainda fechados, comece a rir. Durante cinco minutos, não faça outra coisa a não ser rir.

No princípio será um riso forçado, mas logo em seguida o som dessa risada forçada acabará provocando um riso de verdade. Entregue-se totalmente ao riso. Pode ser que seja preciso praticar por vários dias antes que esse fenômeno realmente aconteça porque não estamos acostumados a isso. Mas não vai demorar muito e o riso vai se tornar espontâneo, mudando totalmente a natureza do seu dia.

O riso traz energia da sua fonte interior para a superfície. A energia começa a fluir, seguindo o riso como uma sombra. Já observou isso? Quando você ri de verdade, naqueles breves instantes você se encontra em um profundo estado contemplativo. O pensamento pára. É impossível rir e pensar ao mesmo tempo. São ações diametralmente opostas: rir ou pensar. Se estiver rindo de verdade, seu pensamento pára. Se continuar pensando, trata-se apenas de um riso ameno que ficará em segundo plano, incompleto.

Até onde sei, a dança e o riso são as melhores portas de acesso e as mais naturalmente acessíveis. Ao dançar de verdade, seu pensamento pára. Se você continuar a dançar sem parar, girando, girando, até se tornar um redemoinho, todos os limites e todas as divisões se desfazem. Nem mesmo saberá onde o seu corpo termina e onde começa a existência. A existência e você se fundem, há uma sobreposição de limites. E se estiver realmente dançando – não controlando a dança, mas permitindo que ela o controle –, se você se deixar possuir pela dança, o pensamento pára.

O mesmo acontece com o riso. O riso pode ser uma belíssima introdução ao estado de não-pensamento.

Meditação do balbucio

Instruções

Essa é uma técnica catártica, que estimula movimentos corporais expressivos. Ela não deve ser confundida com a suave meditação pelo som, a Meditação Devavani.

Primera etapa: 15 minutos

Sozinho ou em grupo, feche seus olhos e comece a dizer sons sem sentido: comece a balbuciar. Permita a si mesmo expressar qualquer coisa que esteja dentro de você.

Jogue tudo fora. A mente sempre pensa em termos de palavras. Balbuciar nos ajuda a quebrar esse padrão de verbalização constante. Sem suprimir seus pensamentos, é possível jogá-los fora, como balbucios. Da mesma forma, deixe que seu corpo se exprima.

Segunda etapa: 15 minutos

Depois disso, durante 15 minutos, deite-se de barriga para baixo e sinta que você está se fundindo à terra. Cada vez que você expirar, sinta que está se fundindo com o chão logo abaixo.

(Ver Osho: Meditação da Não-Mente, p. 157.)

RESPIRAÇÃO — UMA PONTE PARA A MEDITAÇÃO

Se você for capaz de controlar a respiração, será capaz de harmonizar-se com o presente.

Se for capaz de controlar a respiração, atingirá a fonte da vida.

Se for capaz de controlar a respiração, poderá transcender o tempo e o espaço.

Se for capaz de controlar a respiração, estará presente no mundo e além dele.

Vipassana

Vipassana é a modalidade de meditação que mais tem contribuído para a iluminação das pessoas em todo o mundo porque é a própria essência. Todas as outras meditações têm a mesma essência, mas formas diferentes: elas costumam incluir também algo que não é essencial. Mas vipassana é essência pura. Não é possível tirar nada dela, assim como não é possível acrescentar-lhe nada para melhorá-la.

Vipassana é tão simples que até mesmo uma criança pequena é capaz de praticá-la. Na verdade, uma criança muito pequena é capaz de fazê-la melhor que você, porque essa criança não foi entulhada com o lixo mental, sendo ainda pura e inocente.

Vipassana pode ser feita de três maneiras.

A primeira é: percepção das suas ações, do seu corpo, da sua mente, do seu coração. Ao caminhar, você deve fazê-lo com percepção. Ao mover a sua mão, deve movê-la com percepção, sabendo perfeitamente o que está fazendo. Seria possível movê-la sem nenhuma percepção, num gesto puramente mecânico, da mesma maneira que, ao sair para um passeio matinal, você poderia caminhar sem se preocupar com os seus pés.

Fique atento aos movimentos do seu corpo. Ao comer, fique atento aos movimentos necessários para isso. Ao tomar uma ducha fria, esteja alerta e perceba a temperatura da água que vai de encontro à sua pele, perceba o contato da água com o seu corpo e a imensa alegria desse momento. Basta ficar atento, pois nada disso aconteceria se você não prestasse atenção naquilo que faz.

O mesmo se aplica à sua mente. Sejam quais forem os pensamentos que passam pela tela da sua mente, seja apenas um observador. Sejam quais forem as emoções que passam pelo seu coração, seja apenas uma testemunha – não se envolva, não se identifique, não avalie o que é bom ou o que é ruim. Isso não faz parte da sua meditação.

A segunda maneira é respirar, passar a perceber a respiração. Quando o ar entra no seu corpo, seu abdômen sobe e, quando o ar sai, seu abdômen torna a descer e se acomodar. É preciso então estar atento à barriga: aos movimentos que ela faz ao subir e descer. A própria percepção do abdômen subindo e descendo basta. O abdômen está muito próximo da origem da vida, porque a criança está ligada à vida da mãe pelo umbigo. Atrás do umbigo encontra-se a origem da sua vida. Portanto, quando o abdômen sobe, realmente é a energia vital, a fonte da vida que está subindo e descendo a cada respiração. Essa forma de meditação não é difícil porque envolve uma única técnica.

No primeiro método, você precisa perceber o seu corpo, precisa perceber a sua mente, precisa perceber as suas emoções e os seus humores. São três etapas. No segundo método há uma única etapa: apenas o abdômen, movendo-se para cima e para baixo. O resultado é o mesmo: quanto mais consciente do abdômen você estiver, mais a mente se cala, o coração se cala, os humores desaparecem.

O terceiro método é perceber a entrada do ar pela respiração, quando o ar entra pelas suas narinas. Sinta a respiração neste extremo – a outra polaridade do abdômen –, sinta o ar entrando pelo nariz. O ar que entra produz uma sensação refrescante em suas narinas. Depois, o ar começa a sair... O ar entra, depois sai.

Isso também é fácil de fazer. É mais fácil para os homens que para as mulheres. A mulher é mais consciente do próprio abdômen. A maioria dos homens nem sequer inspira tão profundamente quanto a capacidade de seu abdômen permite. Ao contrário, o seu tórax sobe e desce, porque no mundo todo prevalece um conceito errado de atletismo. É certo que esse conceito dá uma forma mais bela ao corpo, elevando o tórax e deixando o abdômen quase invisível.

Os homens preferem respirar apenas com o tórax, de modo que o tórax torna-se cada vez mais expandido e o abdômen, mais encolhido. Essa postura lhes parece mais atlética.

Em todo o mundo, com exceção do Japão, os atletas e seus professores enfatizam a necessidade de respirar enchendo os pulmões, alargando o tórax e contraindo o abdômen. O seu ideal é o leão, cujo tórax é grande e o abdômen, muito pequeno. Então seja como um leão, pois essa se tornou a regra entre os ginastas, atletas e as pessoas que cultivam o corpo.

O Japão é a única exceção, já que lá não se importam que o tórax seja largo e o abdômen esteja contraído. É preciso disciplina para contrair o abdômen; não é natural. O Japão escolheu o caminho natural, portanto você irá se surpreender ao ver uma estátua japonesa de Buda. Essa é a maneira pela qual se pode distinguir imediatamente se a estátua é indiana ou japonesa. As estátuas indianas do Buda Gautama têm o corpo atlético: o abdômen é muito pequeno e o tórax, largo. Mas o Buda japonês é totalmente diferente.

Seu tórax está quase retraído, porque ele respira pelo abdômen, que é volumoso. Ele não parece muito bonito, porque há muito tempo o padrão dominante no mundo é outro, mas respirar pelo abdômen é mais natural, mais relaxado.

À noite, dormindo, é isso o que acontece: você não respira pelo tórax, e sim pelo abdômen. É por isso que a noite propicia um repouso tão relaxado. Depois de uma noite de sono, na manhã seguinte você se sente revigorado, mais jovem, porque durante a noite inteira respirou naturalmente... você esteve no Japão!

O ponto a considerar é: até que ponto você teme que respirar pelo abdômen e prestar atenção à maneira como ele sobe e desce possa prejudicar sua aparência atlética... Os homens geralmente se preocupam mais com isso. Então, no caso deles, é mais fácil acompanhar a entrada do ar pelas narinas. É só ficar atento e, quando o ar sair, observar.

Essas são as três modalidades. Qualquer uma delas funciona. Se você quiser praticar duas modalidades ao mesmo tempo, vá em frente: o trabalho será mais intenso. Se quiser praticar as três modalidades juntas, também é possível. O retorno será mais rápido. Mas tudo depende de escolher o que achar mais fácil.

Lembre-se: o fácil é o correto.

À medida que a meditação se estabelece e a mente silencia, o ego desaparece. Você estará presente, mas não haverá nenhum sentimento de "eu". Então as portas se abrem.

Basta esperar, com um desejo afetuoso, com o coração pronto para receber esse grande momento, o maior da vida de qualquer pessoa: o momento da iluminação.

Ele virá... sem dúvida alguma virá. Nunca se atrasou um único momento. Se você estiver devidamente em harmonia, ele explode de repente dentro de você, transformando toda a sua vida.

Seu antigo eu morre e um novo eu terá chegado.

Instruções

Sentado

Sente-se numa posição razoavelmente confortável e fique alerta de 40 a 60 minutos. Mantenha as costas e a cabeça eretas, os olhos fechados e respire normalmente. Fique o mais imóvel possível, só mudando de posição se for realmente necessário.

Enquanto estiver sentado, o seu principal objetivo deve ser observar o subir e descer do abdômen, na região logo acima do umbigo, causado pela inspiração e pela expiração. Não se trata de uma técnica de concentração, portanto, enquanto observa a respiração, muitas outras coisas chamarão a sua atenção. Nada é distração em vipassana e, quando alguma coisa acontecer, pare de observar a respiração e preste atenção ao que quer que esteja acontecendo até que seja possível retornar à sua respiração. Entre esses eventos podem estar incluídos pensamentos, sentimentos, julgamentos, sensações corporais, impressões do mundo exterior, etc.

É o processo de observar que realmente importa, e não aquilo que está sendo observado, portanto procure não se identificar com tudo o que acontece: dúvidas ou problemas devem ser considerados como os mistérios a serem apreciados!

Caminhada vipassana

A caminhada vipassana nada mais é do que andar devagar, da maneira mais natural possível, preocupando-se em perceber atentamente os pés tocando no chão.

Você pode caminhar em círculos ou em linha reta de 10 a 15 passos, indo e vindo, em um recinto fechado ou ao ar livre. Caminhe olhando para o chão, focando em um ponto que esteja alguns passos à sua frente. Enquanto caminha, concentre-se nos pés, no momento em que tocam o chão. Se outras coisas chamarem a sua atenção, pare de se concentrar nos pés, observe o que atraiu a sua atenção e em seguida volte aos pés.

É a mesma técnica aplicada quando sentado, sendo que você observa um objeto básico diferente. Caminhe de 20 a 30 minutos.

Jogando coisas fora

Toda vez que sentir que sua mente não está tranqüila – quando ela estiver tensa, preocupada, alvoroçada, ansiosa, sonhadora –, faça o seguinte: primeiro expire longamente. Comece sempre expirando. Expire longamente, jogando fora todo o ar que estiver dentro de você, o máximo que puder. Ao jogar fora o ar, o humor também será jogado fora, porque respirar é tudo. Em seguida procure expelir o ar até onde for possível.

Contraia o abdômen e mantenha-o assim durante alguns segundos; não inspire. Deixe o ar fora e não inspire durante alguns segundos. Então deixe o corpo inspirar. Inspire tão profundamente quanto puder. Novamente, pare durante alguns segundos. O intervalo deve ser o mesmo: se você reteve a respiração por três segundos ao inspirar, agora retenha a respiração por três segundos após inspirar. Ponha o ar para fora e prenda a respiração por três segundos; inspire e prenda a respiração por três segundos. Mas o ar precisa ser jogado fora totalmente. Expire totalmente e inspire totalmente, de maneira ritmada. Inspire, prenda; expire, prenda. Inspire, prenda; expire, prenda. Você sentirá imediatamente uma mudança ocorrer em todo o seu ser. O humor anterior terá desaparecido e um clima novo terá entrado em você.

ABRINDO O CORAÇÃO

O coração é o "portão sem portão" para a realidade. Passe da cabeça para o coração.

Nós estamos todos pendurados pela cabeça. Esse é o nosso único problema, o único. Só existe uma solução: desça da cabeça para o coração e todos os problemas irão desaparecer, pois são criados pela cabeça. Então tudo fica tão claro e transparente que nos surpreendemos ao perceber como estamos sempre inventando problemas.

Os mistérios permanecem, mas os problemas desaparecem. Há muitos mistérios, mas os problemas evaporam. E os mistérios são lindos: não existem para ser resolvidos, têm de ser vividos.

Da cabeça ao coração

O primeiro objetivo: experimente ser acéfalo. Visualize a si mesmo como acéfalo; aja como se fosse. Essa sugestão parece ridícula, ilógica, mas é um dos exercícios mais importantes. Experimente e entenderá. Caminhe sentindo-se como se não tivesse cabeça. No princípio será apenas "como se". Quando começar a sentir que não tem cabeça, achará esquisito e estranho. Mas em pouco tempo você estará se acomodando no coração.

Existe uma lei. Você talvez tenha notado que uma pessoa que é cega tem uma audição mais sensível, um ouvido mais musical. As pessoas cegas possuem uma sensibilidade para a música mais profunda. Por quê? A energia que normalmente circula pelos olhos, no caso, não pode passar por eles, então escolhe um caminho diferente que passa pelas orelhas.

Os cegos têm maior sensibilidade no tato. Se um cego lhe tocar, você sentirá a diferença, porque normalmente exercemos grande parte do nosso tato usando os olhos: costumamos nos tocar uns aos outros por meio dos olhos. Um cego não tem como exercer o tato com os olhos, assim a energia corre pelas mãos dele. Um cego é mais sensível que qualquer outra pessoa cujos olhos sejam sadios. Há exceções, mas geralmente é assim. A energia começa a circular a partir de outro centro se determinado centro não estiver atuante.

Assim sendo, experimente este exercício de que estou falando – o exercício de acefalia – e sentirá uma coisa estranha: será como se, pela primeira vez, você estivesse no coração. Caminhe sem cabeça. Sente-se para meditar, feche os olhos e sinta que não há uma cabeça. Sinta: "A minha cabeça desapareceu." No princípio será apenas "como se", mas em pouco tempo você sentirá que a sua cabeça realmente desapareceu. Quando sentir que a sua cabeça desapareceu, o seu centro recairá sobre o coração, imediatamente! Você estará olhando para o mundo com o coração e não com a cabeça.

Quando os ocidentais chegaram pela primeira vez ao Japão, eles não conseguiam acreditar que, durante séculos, os japoneses tradicionalmente acreditavam que pensavam com a barriga. Se perguntarmos a uma criança japonesa que não tenha sido educada segundo o estilo ocidental: "Onde fica o seu pensamento?", ela apontará para a barriga.

Séculos e séculos se passaram e o Japão tem vivido sem a cabeça. Isso é apenas um conceito. Se eu lhe perguntar: "Por onde você pensa?", você apontará para a cabeça, mas um japonês apontará para a barriga. Esse é um dos motivos pelos quais a mente japonesa é mais calma, quieta e tranqüila.

Atualmente já não é mais assim, porque o Ocidente se espalhou por toda parte. Hoje não existe mais Oriente, que permanece apenas em alguns indivíduos que são como ilhas, aqui e ali. Geograficamente, o Oriente desapareceu e o mundo inteiro é ocidental.

Pratique a acefalia. Medite em pé diante do espelho do banheiro. Olhe profundamente nos seus olhos e sinta que você está olhando com o coração. Em pouco tempo o centro do coração começará a funcionar. E quando o coração funciona, ele muda totalmente a sua personalidade, todo o seu organismo, todo o seu modo de ser, porque o coração tem um estilo próprio.

Primeiro pratique a acefalia. Em seguida, seja uma pessoa mais carinhosa, porque o amor não funciona através da cabeça. É por isso que, quando uma pessoa está apaixonada, dizemos que "perdeu a cabeça": é como se tivesse ficado louca. Se não estiver apaixonado e maluco, você não está realmente apaixonado. É preciso perder a cabeça. Se ela não for afetada, se estiver funcionando normalmente, não é possível amar, porque para amar é preciso que o coração funcione e a cabeça não. Essa é uma função do coração.

É difícil descer do pedestal. Torna-se uma postura rígida. Se você é um empresário, continua sendo até na cama. É difícil acomodar duas pessoas internamente e não é fácil mudar o seu modo de ser radicalmente, imediatamente, no momento em que você decidir. Sei que é difícil, mas, se estiver apaixonado, terá de descer do alto de sua cabeça.

Para essa meditação, experimente ser uma pessoa mais carinhosa. Quando digo isso, estou lhe dizendo para mudar o caráter de seus relacionamentos: faça com que sejam baseados no amor. Torne-se mais carinhoso não só com seu parceiro, seus filhos ou seus amigos, mas em relação à vida como um todo. É por isso que Mahavir e Buda falavam sobre a não-violência: para criar uma atitude de carinho em relação à vida.

Quando Mahavir anda ou faz qualquer movimento, ele permanece atento para não matar nem mesmo uma formiga. Por quê? A formiga não é a questão. Mahavir sai da cabeça e vai para o coração, criando uma atitude de carinho em relação à vida como um todo.

Quanto mais os seus relacionamentos se basearem no amor, mais o seu centro do coração irá funcionar. E quando esse centro funcionar, você verá o mundo com outros olhos, porque o coração tem a sua própria maneira de ver o mundo. A mente não consegue ver dessa maneira, ela só consegue analisar! O coração sintetiza, enquanto a mente disseca e divide. Só o coração produz a unidade.

Quando for capaz de ver com o coração, o universo inteiro parecerá um todo único, uma unidade. Quando você observa com a mente, o mundo inteiro se torna atômico. Não existe unidade: só átomos e átomos e átomos. O coração proporciona a sensação da unidade. Ele reúne e a síntese final é Deus. Se for capaz de ver com o coração, o universo inteiro será um e essa unidade será Deus.

É por isso que a ciência nunca consegue encontrar Deus. É impossível, porque o método aplicado nunca consegue alcançar a suprema unidade. O método característico da ciência é a razão, a análise, a divisão. Desse modo, a ciência chega a moléculas, átomos, elétrons, e eles continuam a ser divididos. Eles não podem nunca chegar à unidade orgânica do todo. É impossível ver o todo com a cabeça.

O coração da serenidade

Este é um método muito simples, mas funciona milagrosamente – experimente. Qualquer um pode experimentá-lo, não há perigo. *Em uma posição fácil:* a primeira coisa é encontrar uma posição relaxada, *fácil*, a que for mais fácil para você. Não experimente nenhuma posição especial ou *asana*. Buda senta-se em uma determinada postura porque é fácil para ele. Também pode se tornar fácil para você se praticar durante algum tempo, mas no começo não será fácil. E não há necessidade de praticar: comece com qualquer postura que lhe seja fácil no momento. Pode sentar-se em uma poltrona confortável e relaxar. A única coisa que importa é que o seu corpo esteja bem relaxado.

Feche os olhos e sinta o corpo inteiro. Comece pelas pernas, procurando sentir se existe alguma tensão. Caso perceba que existe tensão em algum lugar, faça o seguinte: deixe a região ainda mais tensa. Caso sinta que existe alguma tensão na sua perna, a perna direita, então intensifique ainda mais essa tensão. Aumente-a ao máximo e de repente relaxe, sentindo como o relaxamento acontece ali. Prossiga examinando o resto do corpo, procurando perceber se existe outra região tensa. Onde sentir tensão, torne-a mais intensa, porque é mais fácil relaxar a tensão quando ela fica bem nítida.

É muito fácil passar de um extremo a outro porque um extremo cria a situação que leva ao outro. Portanto, se sentir alguma tensão na face, contraia todos os músculos da face o mais que puder, até sentir que não será mais possível suportar, depois relaxe, subitamente. Ao final, observe se todas as partes do corpo estão relaxadas.

Fique especialmente atento aos músculos da face porque eles acumulam 90% das tensões: o resto do corpo carrega apenas 10%. Todas as suas tensões estão na mente e a face serve como depósito para elas. Assim sendo, contraia a face tanto quanto puder. Contraia intensamente, com angústia, com ansiedade, depois relaxe subitamente. Repita a operação por cinco minutos; assim poderá sentir que cada membro do corpo está relaxado.

Você pode fazer o exercício deitado na cama, assim como também sentado. Escolha a maneira que achar mais fácil.

A segunda coisa a fazer é a seguinte: quando sentir que o seu corpo atingiu uma postura simples, não se preocupe muito com isso. Basta sentir que o corpo está relaxado e depois esquecer o corpo. Relaxe e esqueça: esquecer é um relaxamento, pois o próprio ato de lembrar produz tensão no corpo.

Feche os olhos e sinta a região entre as axilas: a região do coração, o seu tórax. Primeiro sinta essa região, exatamente entre as axilas. Concentre-se com toda a atenção, total percepção. Esqueça o corpo inteiro, perceba apenas a região do coração entre as axilas, o seu tórax, e sinta essa parte tomada de uma grande paz.

No momento em que o corpo estiver relaxado, automaticamente a paz envolverá o seu coração. O coração se acalma, relaxa, entra em harmonia. E quando você se esquece do corpo inteiro e se concentra totalmente no tórax, sentindo que ele está cheio de paz, imediatamente virá muita paz.

Existem duas regiões ou centros particulares no corpo onde determinados sentimentos podem ser criados conscientemente. Entre as axilas encontra-se o centro do coração, que é a fonte de toda a paz que você desfruta, não importa quando. Toda vez que estiver calmo, a paz vem do seu coração: ele irradia paz. É por isso que pessoas do mundo inteiro, sem nenhuma distinção de casta, religião, país, nível cultural, pessoas de todas as raças sentem isso: que o amor vem de alguma região do coração. Não existe nenhuma explicação científica para isso.

Sempre que pensa no amor, você pensa no coração. Realmente, sempre que está apaixonado, você relaxa, e, porque está relaxado, está repleto de uma certa paz. Essa paz surge do coração. Portanto, por causa da paz, o coração ficou associado ao amor.

Há duas alternativas. Você pode procurar o amor, que algumas vezes fará com que se sinta em paz. Esse caminho é perigoso, porque a pessoa a quem ama torna-se mais importante do que você. De alguma maneira você fica dependente do outro. Portanto, o amor algumas vezes lhe dará paz, mas nem sempre. Haverá perturbações e momentos de angústia e ansiedade, porque o outro apareceu e sempre que o outro aparece há a tendência de ocorrer alguma perturbação. Só às vezes, quando ambos estiverem tão profundamente apaixonados que não haja conflitos, você estará relaxado e o seu coração ficará em paz.

A segunda alternativa é não encontrar a paz por meio do amor, e sim diretamente. Se puder fazer isso – e este é o método –, a sua vida será preenchida por amor. Agora, contudo, o amor terá outra característica. Não será um amor possessivo, não será centrado em um só. Não será dependente e não tornará ninguém dependente de você. O seu amor se transformará apenas em afetuosidade, compaixão, uma empatia profunda.

A Meditação do Coração, de Atisha

Atisha disse: Exercite a união, dando e tomando ao mesmo tempo. Faça isso pelo controle da respiração.

Atisha diz: comece sendo compassivo. Preste bem atenção, pois este é um dos melhores métodos: quando inspirar, pense que está inspirando todos os sofrimentos de todas as pessoas do mundo. Toda a escuridão, toda a negatividade, todo o inferno que existe em toda parte. E deve deixar que o seu coração absorva tudo isso.

Pode ser que você tenha ouvido falar nos chamados "pensadores positivistas" do Ocidente. Dizem justamente o contrário, mas não sabem o que estão dizendo. Eles dizem: "Quando expirar, ponha para fora todo o seu sofrimento e a sua negatividade. E, quando inspirar, inspire alegria, positividade, felicidade, alegria."

O método de Atisha é exatamente o oposto: quando inspirar, inspire todo o sofrimento e as tristezas de todos os seres do mundo – passado, presente e futuro.

E, quando expirar, expire toda a alegria, a felicidade e as bênçãos que tiver. Expire, despeje-se por inteiro. Este é o método da compaixão: absorva todo o sofrimento e despeje todas as bênçãos.

Você se surpreenderá ao fazer isso. No momento em que tomar para si todo o sofrimento do mundo, ele deixa de ser sofrimento. O coração transforma a energia imediatamente. O coração é uma força transformadora: beba o sofrimento e ele será transformado em felicidade... então ponha-o para fora.

Depois de ter aprendido que o seu coração pode fazer essa magia, esse milagre, você vai querer repeti-lo inúmeras vezes seguidas. Experimente. É um dos métodos mais práticos e mais simples e traz resultados imediatos. Comece a praticar hoje e observe.

CENTRANDO O INTERIOR

Ninguém pode existir sem um centro. Esse centro não precisa ser criado, apenas redescoberto. A essência é o centro, aquilo que é a sua natureza, que é uma dádiva de Deus.

A personalidade é a circunferência, aquilo que é cultivado pela sociedade; não é uma dádiva de Deus. Ela foi nutrida em você, não é sua natureza.

Abdullah

Houve um místico sufi que passou a vida inteira feliz, sempre sorrindo. Ninguém nunca o viu infeliz. Ele *era* o riso, o ser inteiro recendia a celebração. Na velhice, quando estava em seu leito de morte, estava apreciando a morte: ele ria, satisfeito. Um discípulo comentou:

– Você nos confunde. Mesmo agora, morrendo, está rindo? O que há de engraçado nisso? Estamos todos tão tristes. Muitas vezes, durante a sua vida, quisemos perguntar por que nunca ficou triste. Agora, confrontando a morte, no mínimo deveria estar triste, mas continua rindo! Como consegue isso?

E o ancião respondeu:

– É fácil de entender. Foi algo que perguntei ao meu mestre. Procurei o meu mestre quando ainda era muito jovem: eu tinha só 17 anos e já era muito infeliz. O meu mestre era velho, tinha 70 anos, e estava sentando debaixo de uma árvore rindo sem nenhum motivo. Não havia mais ninguém ali, não tinha acontecido nada, ninguém tinha contado uma piada ou algo assim. Ele simplesmente estava rindo, segurando a barriga de tanto rir. Então eu perguntei:

– O que há com você? Por acaso enlouqueceu?

Ele respondeu:

– Um dia eu também estive tão triste quanto você está agora. Então me ocorreu que aquela tristeza era uma opção *minha*, era a *minha* vida. Desde aquele dia, todas as manhãs, quando me levanto, a primeira coisa que faço, antes de abrir os olhos, é dizer para mim mesmo: "Abdullah (esse era o nome dele), o que você quer? Sofrimento? Felicidade? O que vai escolher hoje?" Acontece que sempre escolho a felicidade.

Trata-se de uma escolha. Experimente. No primeiro momento da manhã, quando se conscientizar de que o sono se foi, fale consigo mesmo: "Abdullah, eis um novo dia! O que você prefere? Vai escolher o sofrimento ou a felicidade?"

Quem escolheria o sofrimento? E por quê? É tão antinatural – a menos que a pessoa se sinta feliz com o sofrimento, mas então ainda assim você está escolhendo a felicidade, não o sofrimento.

Encontrando a verdadeira fonte

Quando você vir um amigo e sentir um sopro de alegria no coração, concentre-se nessa alegria. Sinta e se torne essa alegria. Ao encontrar o amigo, esteja receptivo e fique pleno com essa alegria. Mantenha o amigo na periferia e permaneça centrado no seu sentimento de felicidade.

Isso pode ser feito em muitas outras situações. O sol está saindo e de repente você sente algo se erguendo dentro de si. Esqueça o sol, deixe-o na periferia. Fique centrado na sua própria sensação de energia ascendente. No momento em que olhar para ela, ela se espalhará. Ela se tornará o seu corpo inteiro, todo o seu ser. E não seja apenas um observador dessa alegria: procure fundir-se nela.

Há momentos em que você se sente alegre, feliz, abençoado, mas não percebe nada disso, porque está centrado no objeto.

Sempre que a alegria se manifesta, você acha que ela está vindo de fora. Você encontra um amigo e parece que a alegria vem do seu amigo, de tê-lo encontrado. Não é verdade. A alegria está sempre dentro de você. O amigo foi apenas uma circunstância que ajudou a aparecer a alegria , ajudou-o a ver que sua alegria existe. Isso não acontece apenas com a alegria: o mesmo se dá com a raiva, com a tristeza, com o sofrimento, com a felicidade, com tudo. Os outros são apenas situações por meio das quais se expressam as coisas que estavam guardadas *dentro de você*. Eles não são causas, não estão causando alguma coisa. Tudo o que acontece está acontecendo *com você*. Sempre esteve aí, mas o encontro com um amigo se tornou uma situação na qual aquilo que estava oculto apareceu, saiu de fontes ocultas e se tornou aparente, manifesto. Quando isso acontecer, permaneça centrado na sensação interior e você terá uma atitude diferente diante de tudo na vida.

Proceda do mesmo modo até mesmo em relação às emoções negativas. Quando estiver com raiva, não se centre na pessoa que despertou essa raiva. Procure mantê-la na periferia. Você deve se tornar a raiva. Sinta a raiva na sua totalidade, é algo que deve acontecer dentro de você. Não racionalize, não diga que aquela pessoa criou a emoção. Não condene a pessoa: ela foi apenas a circunstância. Agradeça-lhe por ajudar a fazer aparecer alguma coisa que estava escondida. A pessoa atingiu-o em algum ponto e havia um ferimento escondido ali. Agora que sabe disso, torne-se esse ferimento.

Com as coisas negativas ou positivas, em relação a qualquer emoção, use esse método e se dará uma grande mudança em você. Se a emoção for negativa, livre-se dela tornando-se consciente de que ela está no seu interior. Se for positiva, torne-se a emoção em si. Se for alegria, torne-se alegria. Se for raiva, a raiva se dissipará.

Esta é a diferença entre as emoções negativas e positivas: quando, ao se tornar consciente de uma emoção, ela se dissipa com a sua percepção, é porque é negativa. Se, por meio de sua percepção de determinada emoção, você se torna a emoção em si, se ela se espalha e se torna o seu ser, então ela é positiva. A percepção funciona de maneira diferente nos dois casos.

Se for uma emoção nociva, você se livrará dela por meio da percepção. Se for boa, cheia de êxtase, você se tornará um com ela. A percepção irá aprofundá-la.

O centro do ciclone

Quando possuído pelo desejo, você se perturba. Isso é natural: o desejo o invade, então sua mente começa a oscilar e aparecem muitas ondulações na superfície. O desejo o puxa para algum lugar no futuro; o passado o empurra para algum lugar no futuro. Você se perturba, não fica *à vontade*. Portanto, o desejo é um "*des-conforto*", uma doença.

Esse sutra diz: "Quando sentir um desejo extremo, permaneça imperturbável." Mas como? Desejo significa perturbação, portanto como permanecer imperturbável em momentos extremos de desejo? Será preciso fazer alguns experimentos: só então conseguirá entender o que isso significa. Você está com raiva: a raiva o invadiu. Está momentaneamente furioso e possesso, fora de si. De repente, lembre-se de ficar imperturbável, como se estivesse tirando uma roupa. Por dentro, dispa-se, dispa-se da raiva, deixe de lado sua roupagem. A raiva continuará presente, mas agora há um ponto dentro de você que não está perturbado.

Você sabe que a raiva está na periferia. Ela está lá, como uma febre. A periferia oscila, cheia de perturbações, mas é possível observá-la. Se conseguir observar, você não ficará perturbado. Torne-se uma testemunha disso e será imperturbável. Esse ponto imperturbável é a sua mente original, aquela que nunca pode ser alterada. Entretanto, você nunca cuidou dela. Quando vem a raiva, você se identifica com ela, esquecendo-se de que a raiva é algo diferente de seu ser. Você se torna um só com a raiva e começa a agir por meio dela, começa a fazer coisas por causa dela.

Há duas coisas a fazer. Com raiva, você será violento em relação a alguém, o objeto da sua raiva. Então terá se deslocado para o outro. A raiva está entre você e o outro. Aqui estou eu, depois há a raiva e aí está você, o objeto da minha raiva. A partir da raiva, posso me deslocar em duas dimensões. De um lado, posso me deslocar até você: você se torna o centro da minha consciência, o objeto da minha raiva. Nesse caso, a minha mente se concentra em você, a pessoa que me insultou. Essa é uma das duas dimensões nas quais você pode se deslocar a partir da raiva.

Há um outro caminho: deslocar-se em direção a si mesmo, e não à pessoa que você sente como tendo originado sua raiva. Você se desloca em direção a quem sente a raiva, vai ao encontro do sujeito, e não do objeto.

Normalmente, costumamos nos deslocar em direção ao objeto. Ao se deslocar em direção ao objeto, a parte empoeirada de sua mente será perturbada e você sentirá que está perturbado. Caso se desloque para dentro do centro do seu próprio ser, poderá testemunhar essa parte empoeirada; poderá ver que ela está transtornada, mas dirá: "Eu não estou perturbado." É possível experimentar isso com qualquer desejo, qualquer perturbação.

Por exemplo, um desejo sexual se manifesta na sua mente: todo o seu corpo é dominado por ele. Você pode ir ao encontro do objeto sexual, o objeto do seu desejo. O objeto pode estar presente ou não. Você também pode deslocar-se em direção ao objeto em seu imaginário, mas então ficará cada vez mais perturbado. Quanto mais longe estiver do seu centro, mais perturbado se sentirá. Na verdade, a distância e a perturbação são sempre proporcionais. Quando estiver distante do seu centro, estará perturbado; quando estiver próximo, não estará perturbado. Se estiver exatamente no centro, não haverá perturbação alguma.

Todo ciclone possui um centro que não sofre perturbações – o ciclone da raiva, o ciclone do sexo, o ciclone de qualquer desejo. Exatamente no centro não existe ciclone, e não há ciclone que não tenha um centro calmo. A raiva também não pode existir sem alguma coisa dentro de você que está além da raiva.

Lembre-se disso: nada existe sem o seu oposto. Se não houvesse um centro dentro de você que permanecesse imóvel, não seria possível haver movimento. Se não houvesse um centro que permanecesse impassível, não poderia ocorrer perturbação alguma. Pense nisso. Se não houvesse um centro de impassibilidade absoluta dentro de você, como poderia sentir que está perturbado? É preciso haver dois pontos para comparar.

Imagine uma pessoa doente. Ela se sente doente porque em algum lugar dentro dela existe um ponto, um centro de saúde absoluta. É por isso que ela é capaz de comparar. Quando você diz que sua cabeça está doendo, como sabe que está com dor de cabeça? Se você fosse a dor de cabeça, não poderia percebê-la. Você deve ser outra pessoa, outra coisa – o observador, a testemunha que pode dizer: "Minha cabeça está doendo."

Há um sutra que diz: "Quando sentir um desejo extremo, permaneça imperturbável." O que se pode fazer? Essa não é uma técnica de repressão. Ela não recomenda que, ao sentir raiva, é preciso reprimi-la para que você permaneça imperturbável. Não! Se você reprimir a raiva, criará mais perturbações. Se sentir raiva e fizer um esforço para reprimi-la, a perturbação será dobrada. Então, quando sentir raiva, feche a porta, medite sobre a raiva, deixe a raiva existir. Permaneça imperturbável e não a reprima.

É fácil reprimir, assim como é fácil expressar. Nós fazemos as duas coisas. Expressamos quando a situação nos permite, quando é conveniente e não é perigoso. Se você pode prejudicar o outro mas o outro não pode prejudicá-lo, você expressa a raiva. Se for perigoso, se o outro puder prejudicá-lo mais, se o seu chefe ou a pessoa de quem tem raiva for mais forte, você irá reprimir essa raiva.

Exprimir e reprimir são coisas fáceis; testemunhar é que é difícil.

Testemunhar não é nem uma coisa nem outra. Não é reprimir, não é expressar. Não é expressar porque nada está sendo expressado para o objeto da raiva. Tampouco está sendo reprimido. Você permite que ela se expresse – que ela se expresse no vazio: está meditando sobre ela.

Mire-se no espelho e expresse a sua raiva – e seja testemunha disso. Você está sozinho, desse modo pode meditar sobre o assunto. Faça o que tiver vontade de fazer, mas no vazio. Se quiser bater em alguém, bata no ar. Se quiser ficar com raiva, fique com raiva; se quiser gritar, grite. Mas faça tudo isso sozinho e pense em si mesmo como um ponto que está vendo tudo isso, todo esse drama. Então ele se torna um psicodrama, você pode rir dele e será uma catarse profunda. Depois não só se sentirá aliviado do problema como também terá ganho algo com isso. Terá amadurecido e crescido. Então saberá que até mesmo quando estava com raiva havia um centro dentro de você que permanecia imperturbável. Agora tente cada vez mais descobrir esse centro interior; será fácil descobri-lo quando houver um desejo.

Essa técnica pode lhe ser muito útil e trazer muitos benefícios. Contudo pode ser difícil usá-la porque, quando estamos perturbados, acabamos nos esquecendo de tudo. Você pode até mesmo esquecer que precisa meditar. Então experimente fazer o seguinte: não espere pelo momento em que estiver sentindo raiva. Não espere! Feche a porta do seu quarto e tente se lembrar de uma ocasião em que sentiu raiva e ficou furioso. Lembre-se da situação e tente reproduzi-la. Isso será fácil. Reinterprete a situação, depois reinterprete outra vez – torne a vivenciá-la. Não se limite a lembrar-se da situação, vivencie-a outra vez.

Lembre-se de uma ocasião em que alguém o insultou, lembre-se do que a pessoa disse e de como você reagiu. Reaja novamente, repita tudo o que aconteceu.

Essa reinterpretação de alguma coisa do passado será muito proveitosa. Todo mundo tem cicatrizes na lembrança, feridas abertas.

Se conseguir reviver os acontecimentos, poderá se livrar desse fardo. Se for capaz de retroceder ao seu passado e fazer alguma coisa que permaneceu inacabada, esse passado não terá mais peso. A sua mente ficará mais sadia, a poeira será eliminada.

Procure se lembrar de alguma coisa no seu passado que a seu ver ficou pendente, interrompida. Alguém que você queria matar, alguém que queria amar – você queria algo que ficou inacabado. Aquela coisa inacabada continua pairando na sua mente, como uma nuvem.

"Quando sentir um desejo extremo, permaneça imperturbável": Gurdjieff aplicou essa técnica muitas vezes. Ele criava situações, mas para criar situações precisa-se de uma escola. Não é possível fazer isso sozinho. Gurdjieff tinha uma escola pequena em Fontainebleau onde criava tarefas a serem realizadas. Ele sabia como criar situações. A pessoa entrava numa sala onde havia um grupo sentado e eles faziam alguma coisa de modo que ela ficasse com raiva. E tudo era feito com tanta naturalidade que ninguém imaginava que era apenas uma situação criada artificialmente. Alguém poderia insultá-la e ela ficaria perturbada. Então os outros ajudavam a perturbá-la ainda mais, deixando-a furiosa. E quando estivesse a ponto de explodir, Gurdjieff gritava: "Lembre-se! Permaneça imperturbável!"

Você pode tentar algo semelhante. Sua família ou seus amigos podem fazer o papel da escola e, assim, ajudarão uns aos outros. Você pode combinar com a sua família que uma situação será criada para o pai ou a mãe, e então todos agirão em conjunto para criar a situação. Quando o pai ou a mãe ficarem completamente furiosos, todo mundo pode começar a rir e dizer: "Permaneça totalmente imperturbável." A sensação será maravilhosa. Depois de localizar seu centro frio numa situação quente, jamais irá se esquecer disso. Então, em qualquer situação quente você poderá lembrar, trazer a lembrança de volta, retornar ao centro.

No Ocidente, hoje em dia, costuma-se usar um método terapêutico chamado "psicodrama". Ele é eficaz e também se baseia em técnicas como essa. No psicodrama você apenas interpreta, como se estivesse em um jogo.

No princípio é um jogo, mas cedo ou tarde a pessoa fica possuída. E quando ela está possuída, sua mente começa a funcionar, porque a mente e o corpo funcionam automaticamente.

Desse modo, quando um ator interpreta em um psicodrama uma situação de raiva e fica realmente furioso, você pode pensar que se trata de mera interpretação, mas não é. A pessoa pode ter ficado realmente com raiva, pode não estar interpretando mais. Está possuída pelo desejo, pela perturbação, pelo sentimento, pelo humor, e somente quando estiver realmente possuída a sua interpretação parecerá verdadeira.

O seu corpo não tem como saber se você está em um jogo ou se está fazendo aquilo de verdade. Você provavelmente já se viu em algum momento da vida em que apenas fingia estar com raiva e não percebeu quando ela se tornou real. Ou então estava apenas brincando e não sentia desejo sexual: você brincava com a pessoa amada e, de repente, aquilo se tornou real. O corpo assumiu o controle.

O corpo pode ser enganado. Ele não tem como saber o que é real ou irreal, especialmente em relação ao sexo. Se você imaginar algo, seu corpo irá considerar que é real. Quando começa a fazer uma coisa, seu corpo passa a se comportar de acordo.

No psicodrama, a pessoa não sente raiva: apenas age como se estivesse com raiva – e então é como se sentisse. Mas isso é bom, porque ela sabe que está apenas fingindo. Então, na periferia, o sentimento torna-se real e a pessoa fica escondida por trás dele, só observando. Ela sabe que não está perturbada, mas a raiva está presente. A perturbação está presente e ainda assim ela não existe.

Essa sensação de duas forças atuando ao mesmo tempo lhe dá uma transcendência que lhe permite sentir o mesmo numa situação de raiva real. Depois de aprender como sentir-se dessa forma, você poderá sentir-se assim em situações reais. Use essa técnica. Ela mudará a sua vida radicalmente. Uma vez que você saiba como permanecer imperturbável, o mundo não será mais um mistério para você. Nada mais poderá deixá-lo confuso nem realmente machucá-lo. Não haverá mais sofrimento para você e, sabendo disso, poderá fazer outra coisa.

Depois de aprender a separar o seu centro da periferia, faça-o. Uma vez que o seu centro esteja totalmente separado, se for capaz de permanecer imperturbável em situações de raiva, de desejo, você poderá jogar com os desejos, com a raiva, com as perturbações.

Essa técnica serve para criar um sentimento de dois extremos. Eles estão aí: duas polaridades opostas estão presentes. Quando você for capaz de perceber essa polaridade, pela primeira vez se tornará senhor de si mesmo. Caso contrário, os outros serão os seus senhores, e você será apenas um escravo. A sua esposa sabe, o seu filho sabe, o seu pai sabe, seus amigos sabem que você pode ser empurrado de um lado para outro. Pode ser perturbado, podem fazê-lo feliz ou infeliz. Se alguém for capaz de fazê-lo feliz ou infeliz, isso significa que você não é o senhor, é apenas o escravo. O outro tem o controle. Com um único gesto ele pode torná-lo infeliz, com um pequeno sorriso pode fazê-lo feliz. Você está à mercê de outra pessoa. Nessa situação, todas as suas reações são apenas reações, não ações.

Esse conhecimento do centro ou esse arraigamento no centro o torna senhor de si mesmo. Do contrário, será escravo não só de um senhor, mas de muitos. Qualquer coisa é um senhor, e você, um escravo do universo inteiro. Obviamente, isso trará problemas. Com tantos senhores pressionando-o em tantas direções e dimensões, nunca estará concentrado, não será uma unidade. Pressionado em tantas dimensões, viverá angustiado. Só aquele que é senhor de si mesmo é capaz de transcender a angústia.

Quem sou eu?

Gurdjieff tentou uma abordagem: simplesmente tente se lembrar de quem você é. Raman Maharshi tentou uma outra: ele criou uma meditação para questionar "Quem sou eu?". E não acredite em qualquer resposta que a mente possa lhe oferecer. A mente dirá: "Que pergunta tola! Você é isso, é aquilo, é um homem ou uma mulher, é educado ou sem educação, rico ou pobre."

Ainda que a mente ofereça respostas, continue a perguntar. Não aceite nenhuma resposta, porque todas as que vierem da mente são falsas. Elas vêm da sua parte irreal. Vêm de palavras, vêm de textos, do condicionamento, da sociedade, dos outros. Continue a perguntar. Deixe a flecha do "Quem sou eu?" penetrar cada vez mais profundamente. Chegará o momento em que não haverá nenhuma resposta.

Esse é o momento certo. Agora você está se aproximando da resposta. Quando não houver nenhuma resposta, estará próximo dela, porque a mente está se calando – ou se afastou muito da mente. Quando não há resposta e cria-se um vazio ao seu redor, o seu questionamento parece absurdo. Quem você está questionando? Não há ninguém para lhe responder. De repente, até mesmo o seu questionamento cessa. Com ele, dissolveu-se a última parte da mente, porque essas respostas e essa pergunta eram da mente. Ambas se dissolveram. Portanto, agora *você é*.

Experimente. Se persistir, é bem possível que essa técnica lhe dê um vislumbre do real – e o real é o eternamente vivo.

OSHO: MEDITAÇÃO EM RODOPIO*

Instruções

O rodopio sufi é uma das técnicas mais antigas, uma das mais fortes. É tão intensa que até mesmo uma única experiência pode torná-lo uma pessoa totalmente diferente. Gire com os olhos abertos e continue a girar como uma criança brincando, como se o seu ser interior fosse o centro e o seu corpo inteiro fosse uma roda girando, a roda de um oleiro, sempre girando. Você está no centro, mas seu corpo inteiro está girando.

Recomenda-se não ingerir nenhum alimento ou bebida por três horas antes de começar o rodopio. É melhor estar descalço e usar roupas folgadas. A meditação se divide em duas etapas, o rodopio e o repouso. Não há um tempo fixo para o rodopio – ele pode se prolongar por várias horas –, mas sugere-se que dure pelo menos uma hora, para que se entre totalmente no redemoinho de energia.

O rodopio deve ser feito no mesmo lugar, no sentido anti-horário, com o braço direito levantado, com a palma da mão voltada para cima, e o braço esquerdo abaixado, com a palma da mão para voltada

---

* *A Meditação em Rodopio de Osho é acompanhada por música composta sob a orientação de Osho. A música serve para fornecer um suporte energético e sinalizar o começo de cada etapa da técnica de meditação.*

para baixo. As pessoas que se sentirem mal girando no sentido anti-horário podem mudar para o sentido horário. Mantenha o corpo solto e os olhos abertos, mas não focalize nada em particular, deixando as imagens desfocadas passarem ao seu redor. Permaneça em silêncio.

Primeira etapa

Durante os primeiros 15 minutos, gire lentamente. Depois vá aumentando a velocidade aos poucos durante os 30 minutos seguintes, até que o rodopio tome conta de seu corpo e você se torne um redemoinho de energia – um turbilhão de movimentos na periferia, com a testemunha silenciosa e imóvel no centro.

Segunda etapa

Quando você estiver girando tão rápido que não consiga permanecer na vertical, seu corpo cairá no chão sozinho. Não torne a queda uma decisão sua nem tente controlar a maneira de cair. Se o seu corpo estiver solto, você cairá no chão suavemente e a terra absorverá a sua energia.

Depois da queda, começa a segunda parte da meditação. Role imediatamente sobre o estômago, ficando de bruços e desnudando o umbigo, de modo a fazê-lo entrar em contato com a terra. Se alguém se sentir muito incomodado ao deitar dessa maneira, deve deitar-se de costas. Sinta o seu corpo se fundindo com a terra, como um bebê apertado contra os seios da mãe. Mantenha os olhos fechados e permaneça passivo e silencioso por pelo menos 15 minutos.

Depois da meditação, fique tão silencioso e quieto quanto possível.

Algumas pessoas podem se sentir enjoadas durante a Meditação em Rodopio, mas essa sensação deverá desaparecer depois de dois ou três dias. Só se deve interromper a meditação se a sensação persistir.

MEDITAÇÕES SOBRE A LUZ

Em seu coração arde uma chama.

O seu corpo é apenas uma luz ao redor da chama.

Meditação da Luz Dourada

Faça esta meditação pelo menos duas vezes ao dia – o melhor horário é de manhã cedo, imediatamente antes sair da cama. No instante em que sentir que está alerta, perceptivo, pratique-a durante 20 minutos. Essa deve ser a *primeira* coisa a fazer pela manhã! Não saia da cama: fique deitado e faça a meditação imediatamente! No instante em que acorda, você está muito sensível, receptivo. Quando desperta, está revigorado e o impacto da meditação será mais profundo. Ao acordar, é quando você está menos envolvido com sua mente. Conseqüentemente, haverá algumas lacunas pelas quais a técnica irá penetrar em seu ser mais profundo. Além disso, de manhã cedo, quando estiver acordando e muitos outros estiverem despertando, há uma grande maré de energia do despertar no mundo. Use essa maré; não perca essa oportunidade.

Todas as religiões antigas costumavam rezar de manhã cedo, com o nascer do sol, porque esse é o momento em que todas as energias da vida se elevam. Você poderá aproveitar para surfar nessa onda de energia ascendente – estará fluindo com a corrente e será mais fácil meditar. Ao anoitecer será mais difícil, pois as energias estão se retirando e será como remar contra a corrente.

Portanto, o melhor horário para começar a meditação é de manhã bem cedo, *imediatamente*, enquanto você ainda estiver meio adormecido, meio acordado. E o processo é muito simples. Não requer nenhuma postura, nenhuma *yogasana*, não é preciso tomar banho nem nada.

Permaneça deitado de costas, conforme já estava. Mantenha os olhos fechados.

Ao inspirar, visualize uma grande luz entrando no seu corpo pela cabeça, como se um sol estivesse subindo próximo à sua cabeça – despejando uma luz dourada sobre a sua cabeça. Você é oco e a luz dourada está sendo vertida, entrando, entrando, entrando, indo cada vez mais fundo, cada vez mais fundo, e saindo pelos dedos dos seus pés. Quando você inspirar, faça-o visualizando essa imagem.

E quando expirar, visualize outra coisa: a escuridão entrando pelos dedos dos seus pés, um grande rio escuro entrando pelos dedos dos seus pés, subindo e saindo através da cabeça. Faça isso devagar, respirando profundamente para que você possa visualizar. Faça tudo bem devagar. E como está acordando, pode respirar devagar e bem profundamente, porque seu corpo está descansado, relaxado.

Deixe-me repetir: inspire, deixe a luz dourada penetrar pela sua cabeça, porque é ali que a Flor Dourada está esperando. Essa luz dourada é muito benéfica. Ela limpa o seu corpo inteiro e deixa-o absolutamente cheio de criatividade. Essa é a energia masculina.

Então, ao exalar, deixe a escuridão mais profunda que você seja capaz de conceber – como uma noite escura, correndo como as águas de um rio – subir pelo seu corpo, vindo dos dedos de seus pés. Essa é a energia feminina: ela é calmante, deixa você mais receptivo, mais tranqüilo e descansado. Deixe-a sair pela cabeça. Então inspire novamente, permitindo a entrada da luz dourada.

Faça esse exercício de manhã cedo durante 20 minutos.

O segundo melhor horário é quando você está começando a dormir, à noite.

Deite-se na cama e relaxe por alguns minutos. Quando começar a sentir que está oscilando entre o sono e a vigília, exatamente no meio dos dois estados, comece o processo novamente e continue por 20 minutos. Dormir durante o processo é a melhor coisa que pode acontecer, porque o impacto permanecerá no seu subconsciente e o processo continuará funcionando.

Depois de um período de três meses, você vai se surpreender: a energia que se acumulava constantemente no *muladhar*, no centro mais inferior, sexual, não estará mais se acumulando ali. Ela começou a subir.

Coração de Luz

Ao acordar, andar, comer, trabalhar, pense em si mesmo como sendo feito de luz. Imagine que no seu coração arde uma chama e o seu corpo nada mais é que uma leve aura ao redor da chama. Apenas uma luz ao redor da chama. Faça com que esse pensamento se aprofunde na sua mente e na sua consciência. Absorva-o.

Levará tempo, mas, se continuar a pensar e sentir assim, dentro de algum tempo você será capaz de se lembrar disso o dia inteiro. Ao acordar, ao andar pela rua, será uma chama em movimento. No início, ninguém perceberá isso, mas se persistir, depois de três meses, haverá outros que também irão perceber. Só depois que os outros perceberem isso é que você se sentirá à vontade. Não diga nada a ninguém. Apenas imagine uma chama e o seu corpo como sendo a aura ao redor dela – não um corpo físico, mas um corpo elétrico, um corpo de luz. Continue a fazer isso.

Se persistir, em cerca de três meses as pessoas se darão conta de que lhe aconteceu alguma coisa. Perceberão uma luz sutil ao seu redor. Quando você se aproximar, sentirão um calor diferente. Se tocá-las, sentirão um toque ardente. Sentirão que está acontecendo alguma coisa estranha. Não conte nada a ninguém. Quando os outros perceberem, você se sentirá à vontade e estará apto para passar à segunda etapa, mas não antes disso.

A segunda etapa é levar essa sensação para os sonhos. Você já será capaz de senti-la sonhando. Tornou-se uma realidade, não é mais imaginação. Por meio da imaginação, você descobriu uma realidade. Tudo consiste em luz e isso é real. Você é luz – mesmo sem saber – porque cada partícula de matéria é luz.

Os cientistas dizem que a matéria é feita de elétrons. É a mesma coisa: a luz é a origem de tudo. Você também é luz condensada: por intermédio da imaginação, é possível descobrir essa realidade. Absorva-a; quando já estiver pleno, pode levá-la para os sonhos, mas não antes.

Então, enquanto estiver quase dormindo, continue pensando na chama, continue a vê-la, sentindo que você é a luz. Lembrando-se disso... lembrando... lembrando enquanto pega no sono e a lembrança continua. No princípio, você terá sonhos em que se sentirá como se tivesse uma chama dentro de si, sonhos em que você é luz. Em pouco tempo, você se moverá nos sonhos com o mesmo sentimento. E uma vez que esse sentimento entre nos seus sonhos, eles começarão a desaparecer. Haverá cada vez menos sonhos e cada vez mais sono profundo.

Quando essa realidade for revelada durante os sonhos – que você é luz, uma chama ardente –, todos os sonhos desaparecerão. Apenas quando os sonhos desaparecerem você será capaz de levar essa sensação para o sono. Então estará na porta. Depois que os sonhos desapareceram e você se recordar de si mesmo como uma chama, você estará na porta do sono. Aí poderá entrar com o sentimento, e, quando puder entrar no sono com a sensação de que é uma chama, estará perceptivo dentro do sono. E então apenas o seu corpo estará dormindo.

A ioga e o tantrismo dividem a vida da mente humana em três partes: despertando, dormindo, sonhando. Essas não são as divisões da sua consciência, são as divisões da sua mente – a consciência é a quarta parte.

Essa técnica serve para ajudá-lo a ir além desses três estados. Se tiver consciência de que é uma chama, uma luz, de que o sono não está acontecendo com você, será possível estar consciente. Você está fazendo um esforço, está cristalizado ao redor daquela chama. O corpo está adormecido, mas você não.

Isso é o que Krishna diz no *Gita:* os iogues nunca dormem. Enquanto os outros dormem, os iogues estão acordados. Não significa que o corpo deles nunca dorme: o corpo dorme, mas só o corpo. A matéria precisa de repouso, a consciência não, porque o corpo é um mecanismo e a consciência não. O corpo precisa de combustível, assim como de repouso. É por isso que quando nasce ele é jovem, depois fica velho e finalmente morre. A consciência nunca nasceu, nunca envelhece, nunca morre. Ela não precisa de combustível, não precisa de repouso. É pura energia, energia perpétua. Se você for capaz de atravessar a porta do sono com essa imagem da chama e da luz, nunca voltará a dormir, só seu corpo descansará. E enquanto seu corpo estiver dormindo, você terá a percepção disso. Quando isso acontecer, você terá se tornado o quarto elemento. Agora o despertar e o sonhar e o dormir são partes da sua mente. São partes, e você se tornou o quarto elemento – aquele que perpassa todos eles sem ser nenhum deles.

MEDITAÇÕES SOBRE A ESCURIDÃO

Assim como a semente que inicia a sua vida na escuridão da terra ou a criança que começa a viver na escuridão do útero, todos os começos estão na escuridão, porque a escuridão é uma das coisas mais essenciais para qualquer coisa começar.

O começo é misterioso, daí ser necessária a escuridão. E o começo é tão delicado que também por isso a escuridão é necessária. O começo é muito íntimo e a escuridão é necessária. A escuridão tem profundidade e um tremendo poder de nutrir. O dia cansa você, mas a noite o rejuvenesce.

A manhã virá, o dia se seguirá, mas, se você temer a escuridão, então o dia nunca chegará. Se alguém quiser passar por cima da escuridão, então o dia nunca virá. É preciso atravessar a noite escura da alma para alcançar o amanhecer. A morte vem primeiro e só depois há vida.

Na sucessão natural das coisas, o nascimento vem em primeiro lugar e então há vida, mas no mundo interior, na jornada interior, acontece exatamente o contrário: a morte vem em primeiro lugar, depois há vida.

Escuridão interior

Como se pode entrar no escuro? Há três maneiras.

Primeiro passo

Olhe dentro da escuridão. É difícil. É fácil encarar uma chama ou qualquer fonte de luz porque ela existe como um objeto, é definida. Você pode dirigir a sua atenção para ela. A escuridão não é um objeto: está em todos os lugares, está ao redor de tudo. Não se pode vê-la. Então olhe para dentro do vazio. Ela está em toda volta, apenas olhe para ela. Relaxe e olhe. A escuridão começa a entrar em seus olhos, e quando ela começa a entrar em seus olhos, você começa a entrar nela.

Permaneça com os olhos abertos ao praticar essa técnica na noite escura. Não feche os olhos, porque com os olhos fechados se obtém uma escuridão diferente, que é a sua própria escuridão, a escuridão mental – esta não é real. Na verdade, é uma parte negativa e não uma escuridão positiva.

Mesmo quando está claro, você fecha os olhos e obtém a escuridão. Ela é apenas o negativo da luz, da mesma maneira que, quando olha pela janela e depois fecha os olhos, se retém uma imagem negativa da janela. Toda a nossa percepção é constituída de luz, portanto, quando fechamos os nossos olhos, temos uma sensação negativa da luz, a que chamamos escuridão.

Abra os olhos, mantenha-os abertos na escuridão e terá uma escuridão diferente – a escuridão positiva que existe na natureza. Olhe para ela. Continue a olhar para a escuridão. Brotarão lágrimas dos seus olhos, eles ficarão doloridos. Não se preocupe, apenas vá em frente. No momento em que a escuridão, a verdadeira escuridão que existe naturalmente, entrar nos seus olhos, ela lhe transmitirá uma sensação de calma muito profunda e o preencherá inteiramente.

Essa entrada da escuridão o esvaziará de toda escuridão negativa. Esse é um fenômeno muito profundo. A escuridão que você tem internamente é uma coisa negativa; ela vai contra a luz, mas não é a ausência de luz. Não é a escuridão a que Shiva se refere como a forma de todas as formas – a verdadeira escuridão.

Temos tanto medo dessa escuridão que criamos muitas fontes de luz como proteção e vivemos em um mundo iluminado. Então fechamos os olhos e o mundo iluminado se reflete negativamente dentro de nós. Perdemos contato com a verdadeira escuridão – a escuridão dos essênios, ou a escuridão de Shiva. Não temos nenhum contato com essa escuridão. Ficamos tão assustados que lhe damos as costas totalmente, vivemos de costas para ela.

Por isso esse exercício é difícil, mas, se for capaz de fazê-lo, será milagroso. O seu ser se transformará integralmente. Quando a escuridão entra em você, você também entra nela. O fenômeno é sempre recíproco, mútuo. Você não pode entrar em qualquer fenômeno cósmico sem que o fenômeno cósmico entre em você. Não é possível violentá-lo, não é possível forçar a entrada. Só estando disponível, aberto, vulnerável e abrindo caminho para o reino cósmico entrar em você é que se torna possível entrar nele. O fenômeno é sempre mútuo e não pode ser forçado: você só pode permitir que aconteça.

Hoje em dia é difícil encontrar a verdadeira escuridão nas cidades, assim como é difícil encontrar a verdadeira escuridão na nossa própria casa. Com essa luz irreal tornamos tudo irreal. Até mesmo a nossa escuridão é poluída, não é pura. Portanto, é bom procurar algum lugar remoto para sentir a escuridão. Experimente ir a um lugar remoto onde não haja eletricidade ou vá para o pico de uma montanha. Fique lá uma semana para ter a sensação da escuridão pura.

Você voltará uma pessoa diferente porque, naqueles sete dias de escuridão absoluta, todos os medos primitivos irão se revelar. Terá de encarar os monstros, terá de enfrentar o seu próprio inconsciente. Será como se estivesse atravessando a passagem deixada para trás. Então, do fundo de seu inconsciente, surgirão muitas coisas que parecerão reais. Pode ser que você se sinta assustado porque elas lhe parecerão muito reais, mas são apenas criações mentais suas.

Você precisará chegar a um acordo com o seu inconsciente. E essa meditação na escuridão absorverá totalmente a sua loucura. Experimente. É possível experimentar mesmo em sua casa. Toda noite, durante uma hora, permaneça no escuro. Não faça nada, apenas olhe a escuridão. Então experimentará uma sensação de fusão, sentindo como se alguma coisa entrasse em você ao mesmo tempo que você também entra em alguma coisa.

Viver na escuridão por três meses, uma hora por dia, fará com que você perca toda a sensação de individualidade, de separação. Você não será mais uma ilha, se tornará o oceano. Você e a escuridão serão uma coisa só. E a escuridão é tão oceânica: nada é tão vasto, nada é tão eterno. Nada está assim tão perto e nada lhe dá mais medo ou assusta tanto quanto a escuridão. Ela está sempre à espreita, sempre esperando.

Segundo passo

Deite-se e sinta como se estivesse ao lado da sua mãe. A escuridão é a mãe de tudo. Pense: quando não existia nada, o que existia? Você não pode pensar em outra coisa a não ser na escuridão. Se tudo desaparece, o que ainda permanece? A escuridão é o que resta.

Ela é a mãe, o útero. Deite-se e sinta-se como se estivesse dentro do útero da sua mãe. Esse útero se tornará real, se tornará aquecido e, cedo ou tarde, você começará a sentir que a escuridão, o útero, o envolve por todos os lados, como se estivesse dentro dele.

Terceiro passo

Ao caminhar, indo trabalhar, ao falar, se alimentar, quando estiver fazendo qualquer coisa, leve um pedaço da escuridão. Leve dentro de você a escuridão que entrou no seu corpo. Assim como falamos sobre como carregar uma chama, carregue a escuridão. Como eu lhe disse, se você carregar a chama e sentir que está iluminado, o seu corpo começará a irradiar uma luz estranha e as pessoas sensíveis irão percebê-la. O mesmo acontece com a escuridão.

Se carregar a escuridão dentro de si, o seu corpo ficará tão relaxado e calmo, tão tranqüilo, que as pessoas irão perceber. Ao contrário da luz, que atrai as pessoas, a escuridão poderá repelir algumas. Elas ficarão amedrontadas e assustadas. Não conseguirão ficar quietas, será insuportável para elas.

Carregar a escuridão dentro de si o dia inteiro será de grande ajuda porque, quando contemplar a escuridão da noite e meditar sobre ela, a escuridão interior que você carregou o dia inteiro o ajudará a se encontrar: o interior encontrará o exterior.

E só de lembrar que está carregando a escuridão – você está cheio dela, em todos os poros e em cada célula do seu corpo – você se sentirá muito relaxado. Experimente. Todas as coisas dentro de você estarão mais lentas. Você não conseguirá correr, irá caminhar, e mesmo esse caminhar será mais lento. Você andará lentamente, como uma mulher grávida. Andará devagar, com muito cuidado, pois estará carregando uma coisa.

Acontece exatamente o contrário quando se carrega uma chama: o passo fica mais rápido. Se possível, a pessoa corre. Há mais movimento, ela fica mais ativa. Ao levar a escuridão, ficamos mais tranqüilos. Os outros começarão a achar que se trata de preguiça.

Experimente fazer esse exercício. É uma das sensações mais bonitas na vida tornar-se escuro. Andando, comendo, sentado, fazendo qualquer coisa, lembre-se: a escuridão preenche você. E então veja como as coisas mudam. Você não consegue ficar agitado, não consegue ter muita atividade, não consegue ficar tenso. O seu sono torna-se tão profundo que os sonhos desaparecem e durante o dia inteiro parece que você está embriagado.

MEDITANDO COM O SOM

As meditações relativas à energia auditiva são femininas, passivas – você só precisa ouvir, sem fazer nada. Ao ouvir os pássaros, o vento passando entre os pinheiros, ou ao ouvir música, o ruído do trânsito, sem fazer nada, um grande silêncio se instala e uma grande paz recai sobre você como água no chuveiro. É mais fácil usar os ouvidos que os olhos. É mais fácil pelos ouvidos porque eles são passivos, não agressivos. Eles não podem interferir na existência, podem apenas deixar que as coisas aconteçam. Os ouvidos são portas: abrem passagem.

Om

Entoe lentamente um som similar a *om*. Esse é um dos sons básicos. O-M: os dois sons se combinam em um. Todos os sons são feitos desses dois ou derivados deles. Portanto, são tão básicos quanto o elétron, o nêutron e o próton são básicos para os físicos. Isso precisa ser entendido perfeitamente.

Entoar um som é uma ciência muito sutil. Em primeiro lugar, é preciso entoá-lo em voz alta, para fora. Assim os outros podem ouvir. Por quê? Porque você também pode ouvir com clareza quando entoa o som em voz alta. Não importa o que você diga: diz sempre para os outros, e isso se tornou um hábito. Toda vez que você fala, fala para os outros, e só se ouve falando ao falar para os outros. Portanto, parta do hábito natural.

Entoe o som *om* e depois, pouco a pouco, sinta-se em harmonia com ele. Ao entoar o som *om*, deixe que ele preencha todo o seu corpo. Esqueça o resto. Torne-se o *om*, torne-se esse som. É muito fácil tornar-se o som porque sons fazem vibrar todo o seu corpo, sua mente, seu sistema nervoso. Sinta a reverberação do *om*. Entoe esse som e sinta o seu corpo inteiro ser preenchido por ele, cada célula vibrando com ele.

Entoar também significa "entrar no tom". Harmonize-se com esse som, torne-se esse som. E então, quando sentir uma harmonia profunda entre vocês e desenvolver um afeto profundo por ele (é tão bonito e tão musical), quanto mais o entoar, mais se sentirá preenchido por uma doçura sutil. Há sons que são amargos, outros que são muito duros. *Om* é um som muito doce, o mais puro dos sons. Entoe-o e seja preenchido por ele.

No momento em que começar a se sentir em harmonia com ele, poderá parar de entoá-lo em voz alta. Cerre os lábios e entoe-o internamente, mas, mesmo internamente, comece em voz alta. Entoe internamente, mas em voz alta, de modo que o som se expanda por todo o seu corpo, toque todas as partes do seu corpo, cada uma de suas células. Você vai se sentir vitalizado com isso, rejuvenescido, vai sentir como se uma nova vida entrasse no seu corpo, porque o seu corpo é um instrumento musical. Ele precisa de harmonia e, quando a harmonia se desfaz, você se perturba.

Se um som for musical, harmonioso, sutil, então será preciso escutá-lo internamente e você terá de estar muito atento para escutá-lo. Se não estiver alerta, irá dormir e deixar passar o essencial. Esse é o problema com os mantras, com qualquer tipo de canto, com o uso do som: podem dar sono, são tranqüilizantes sutis. Se você repetir qualquer som continuamente sem estar alerta a ele, acabará dormindo, porque a repetição se torna mecânica. *Om-om-om* se torna mecânico e a repetição produz tédio.

É preciso fazer duas coisas, portanto: a velocidade do som deve ser reduzida e você precisa ficar mais atento, mais perceptivo.

Quanto mais sutil se torna o som, mais atento e perceptivo você deve se tornar. Para deixá-lo mais perceptivo, o som precisa ser mais sutil, até chegar um momento em que o som se torna silencioso, ou completamente sonoro, e você entra no estado de total percepção. Quando o som se tornar silencioso ou completamente sonoro, a sua percepção deve ter atingido seu pico. Quando o som chegar ao seu ponto mais baixo, quando chegar ao ponto mais inferior, a sua percepção terá chegado ao ponto máximo, ao pico do monte Everest. E ali o som se dissipa em silêncio ou total sonoridade, enquanto você se dissipa em total percepção.

Devavani

Instruções

Devavani é a Voz Divina que se propaga e fala através daquele que medita, o qual se torna um recipiente vazio, um canal. Essa meditação é um Latihan da língua. Ela relaxa a mente consciente de maneira tão intensa que, quando é a última coisa feita à noite, com certeza será seguida por um sono profundo.

A meditação possui quatro etapas de 15 minutos cada.

Mantenha os olhos fechados o tempo todo.

Primeira etapa: 15 minutos

Permaneça sentado em silêncio, de preferência ouvindo uma música suave.

Segunda etapa: 15 minutos

Comece a produzir sons a esmo, como por exemplo "la, la, la", e continue até surgirem sons semelhantes a palavras. Esses sons precisam vir da parte pouco explorada do cérebro, usada por você quando era criança, antes de aprender a falar. Mantenha uma entoação coloquial suave; não chore nem grite, não ria nem se lamente.

Terceira etapa: 15 minutos

Levante-se e continue falando, deixando que seu corpo se mova à vontade, suavemente, em harmonia com os sons. Se mantiver o corpo relaxado, as energias sutis criarão um Latihan além do seu controle.

Quarta etapa: 15 minutos

Deite-se e permaneça em silêncio e imóvel.

Todas as noites, antes de dormir, você pode praticar um pequeno exercício que será imensamente benéfico. Apague as luzes, sente-se na cama pronto para dormir e permaneça sentado durante 15 minutos. Feche os olhos e então comece a produzir um som monótono qualquer, por mais absurdo que seja, como por exemplo "la, la, la", e espere que a mente lhe ofereça novos sons. A única restrição a lembrar é que esses sons ou palavras não devem ser de nenhum idioma conhecido. Se você falar português, alemão e italiano, então esses sons não devem ser do italiano, alemão ou português. Qualquer outro idioma desconhecido é permitido – tibetano, chinês, japonês. Digamos que você fale japonês, então os sons desse idioma não são permitidos, mas, no caso, os sons do italiano são maravilhosos. Será difícil apenas no primeiro dia, pois como poderá falar um idioma que não conhece? Contudo, isso é possível e, depois que você começar a pronunciar sons e palavras sem sentido, o consciente se desliga, permitindo que o inconsciente fale.

Quando o inconsciente fala, ele não conhece nenhum idioma.

Esse é um método muito antigo. Vem do Velho Testamento. Na época era chamado de *glossolalia* e algumas Igrejas ainda o aplicam. Referem-se a ele como "falar em transe". É um método maravilhoso, um dos que penetram mais fundo no inconsciente. Você começa com "la, la, la" e continua com o que lhe ocorrer.

No primeiro dia poderá parecer um pouco difícil, mas depois você pega o jeito. Durante 15 minutos, use a língua que lhe ocorrer no momento, como um idioma. Esses 15 minutos relaxam seu consciente, depois basta deitar e dormir. Seu sono ficará mais intenso. Dentro de algumas semanas, você verá que o sono está bem mais profundo e, pela manhã, se sentirá totalmente revigorado.

O centro do som

Esta técnica pode ser usada de muitas maneiras. Uma delas é começar sentando-se em qualquer lugar. Os sons estão sempre presentes. Pode ser no mercado ou num retiro no Himalaia: haverá sons. Sente-se em silêncio. Há uma coisa muito especial em relação aos sons: sempre que há um som, você é o centro. Todos os sons estão vindo até você de todas as direções.

Não é o que acontece com a visão, com os olhos. A visão é linear. Eu vejo você, então existe uma linha até você. O som vem em círculos e você é o centro. Onde quer que esteja, é sempre o centro do som. Em relação a eles, você é sempre "Deus", o centro de todo o universo.

Cada som vem até você, move-se até você, em círculos.

Esta técnica diz: banhe-se no centro do som. Onde quer que esteja praticando esta técnica, feche os olhos e sinta o universo inteiro cheio de sons. Sinta como se todos eles estivessem direcionados para você. Essa sensação de que você é o centro lhe dará uma paz muito profunda. O universo inteiro torna-se uma circunferência e você é o centro, tudo está orientado para você, vindo na sua direção.

Se estiver sentado ao lado de uma cachoeira, feche os olhos e sinta o som ao seu redor, caindo sobre você, vindo de todos os lados, tornando você o centro. Por que essa ênfase em sentir que você está no centro? Porque no centro não há nenhum som. O centro é silencioso e por isso você pode ouvir sons. Do contrário, não poderia ouvi-los. Um som não pode ouvir outro. Por não existir som no seu centro, você pode ouvir os sons. O centro é um silêncio absoluto e por isso é possível ouvir os sons entrarem em você, virem até você, de toda a sua volta.

Se for capaz de descobrir onde fica o centro, onde fica o campo para o qual todos os sons convergem, de repente os sons desaparecerão e você ingressará na ausência de sons. Se for capaz de sentir um centro de onde todos os sons são ouvidos, haverá uma repentina transferência de consciência. Num momento você estará ouvindo o mundo inteiro cheio de sons e no outro a sua consciência se projetará para dentro, e de repente você ouvirá a ausência de sons, o centro da vida.

Depois que conseguir ouvi-la, nenhum som poderá perturbá-lo. O som chega até você sem atingi-lo. Ele está sempre vindo ao seu alcance, mas *nunca* o atinge. Há um ponto em que nenhum som entra: esse ponto é *você*.

Faça isso num mercado: não existe nenhum outro lugar como esse. Um mercado está sempre cheio dos sons mais variados e desconexos. Mas não comece a pensar nos sons, não pense que este é bom e aquele é ruim, e um é irritante e outro é bonito e harmonioso. Não é para pensar nos sons, é para pensar no centro. Não é para pensar em todos os sons que convergem na sua direção – se são bons, ruins ou bonitos. Você só deve se lembrar de que é o centro e de que todos estão convergindo na sua direção: todos os sons, de qualquer tipo.

Os sons *não* são ouvidos nas orelhas: elas não podem ouvi-los. Fazem apenas um trabalho de transmissão e, nessa transmissão, elas cortam muita coisa inútil. Elas escolhem, selecionam e depois os sons entram em você. Agora descubra, em seu interior, onde fica o centro. As orelhas não são o centro, você ouve em algum lugar mais profundo. As orelhas apenas lhe enviam os sons escolhidos. Onde você está? Onde está o seu centro?

Se prestar atenção aos sons, cedo ou tarde terá uma surpresa – porque o centro não está na cabeça. O centro *não está* na cabeça! Parece que ele fica na cabeça porque você nunca ouve os sons – ouve palavras. No caso das palavras, a cabeça é o centro, mas não no caso dos sons. É por isso que no Japão se diz que não se pensa com a cabeça, mas com o abdômen – porque lá se presta atenção aos sons desde muito tempo atrás.

Todo templo tem um gongo. Foi ali colocado para produzir sons em torno daquele que procura. Enquanto alguém medita, toca-se o gongo ou o sino. A própria perturbação parece ter sido criada pelo som do sino. A pessoa está meditando e o sino ou o gongo parecem uma distração. Isso parece perturbador! Em um templo, cada visitante que chega faz soar o gongo ou o sino. Para as pessoas que estão ali meditando isso pareceria uma constante perturbação, mas não é, porque as pessoas estão esperando por esse som.

Portanto, cada visitante está ajudando. Toda vez que o sino é tocado e um som é produzido, aquele que medita entra em si novamente. Observa o centro onde o som se aprofunda. A cada batida no sino, uma segunda batida se dá dentro daquele que medita, em algum lugar dentro dele. Onde ela ocorre? O som sempre bate na barriga, no umbigo, nunca na cabeça. Se bater na cabeça, esteja certo de que não é um som – são palavras. Nesse caso, você terá começado a pensar sobre o som e a pureza se perde.

Você pode criar um som apenas usando os seus dedos ou qualquer coisa que feche os seus ouvidos totalmente. Ouve-se um determinado tipo de som. Que som é esse e por que você o ouve quando as orelhas são tapadas?

Da mesma maneira que existem os negativos das fotografias, existem os sons negativos. Não só os olhos são capazes de ver o negativo: as orelhas também podem ouvir o negativo. Portanto, ao fechar os ouvidos, o que você ouve é o universo negativo dos sons. Todos os sons se interromperam. De repente, ouve-se um novo som, que é a ausência dos sons. Ocorreu um intervalo. Alguma coisa deixou de chegar até você e você ouviu essa ausência. "Ou, pondo os dedos nas orelhas, ouça o som dos sons" – esse som negativo é conhecido como o som dos sons, porque não é um som de fato, mas uma ausência de sons. Ou melhor, é um som natural porque não é criado por nada.

Essa ausência de sons é uma sensação muito sutil. O que ela lhe acrescenta? No instante em que não há nenhum som, você se retira em si mesmo. Com os sons nos afastamos; com os sons nos aproximamos. Tente entender o seguinte: com os sons, estamos nos relacionando com o outro, nos comunicando com o outro.

Se o som é o veículo para nos movermos em direção ao outro, então a ausência de som torna-se o meio pelo qual nos dirigimos a nós mesmos. Com o som você se comunica com o outro, com a ausência de som você cai no seu próprio abismo, em si mesmo. É por isso que tantas técnicas usam essa ausência para criar um movimento interno.

Fique absolutamente mudo e surdo, apenas por alguns segundos. Você não poderá ir a nenhum outro lugar a não ser em direção a si mesmo. De repente descobrirá que está dentro de si mesmo, onde não há movimento. É por isso que se pratica tanto o silêncio. Em silêncio, todas as pontes para chegar ao outro são rompidas.

Uma abordagem, então, é ouvir os sons que vêm em direção ao seu centro; outra abordagem é interromper todos os sons e sentir o centro sem som. As duas foram apresentadas em uma única técnica, com um propósito especial: para que você possa passar de uma a outra.

O "ou" não é uma escolha entre fazer isso ou aquilo. Faça as duas coisas! É por isso que as duas aparecem em uma única técnica. Faça uma parte primeiro, durante alguns meses, depois faça a outra, durante mais alguns meses. Você se sentirá mais vivo e conhecerá os dois extremos. E, se for capaz de passar com facilidade de um extremo ao outro, poderá permanecer jovem para sempre.

DESCOBRINDO O ESPAÇO INTERIOR

O vazio é o seu centro mais interior. Toda a atividade ocorre na periferia: o centro interior é apenas um zero.

Mergulhe no céu claro

Medite sobre o céu: o céu de verão sem nuvens, *interminavelmente* vazio e claro, sem nada que se mova sobre ele, em sua virgindade total. Contemple esse céu, medite sobre ele e mergulhe nessa claridade. Torne-se essa claridade espacial.

Meditar sobre o céu é lindo. Esqueça-se da terra. Basta deitar-se de costas em uma praia deserta, ou em qualquer terreno, e olhar para o céu. Será mais eficaz com o céu claro – sem nuvens, infinito. Apenas olhe, observe o céu, sinta a claridade – a ausência de nuvens, o espaço ilimitado – e então mergulhe nessa claridade, torne-se um com ela. Sinta-se como se você fosse o próprio céu, o espaço.

Esta técnica – olhar para a claridade do céu e fundir-se nela – é uma das mais praticadas. Muitas tradições a têm usado. É muito eficiente, especialmente para as mentes modernas, porque não há nada mais sobre o que meditar na terra. Tudo é fabricado pelo homem, tudo é limitado, tudo tem uma fronteira. Só o céu, felizmente, é um espaço aberto sobre o qual podemos refletir.

Esta técnica é eficaz, mas lembre-se de três coisas. Primeiro: não pisque – olhe fixamente. Mesmo que os seus olhos comecem a doer e a lacrimejar, não se preocupe com isso. Até mesmo essas lágrimas fazem uma parte do esvaziamento: elas lhe serão benéficas. As lágrimas deixam os seus olhos mais inocentes e revigorados pelo banho. Continue olhando fixamente para o céu.

Segundo ponto: não pense no céu. Você pode começar pensando no céu. Pode se recordar de muitos poemas lindos sobre o céu, mas terá perdido o essencial. Não é para *pensar* no céu, é para *entrar* no céu, é para se fundir nele. Se começar a pensar no céu, a barreira tornará a ser criada. Você deixará de alcançar o céu e novamente se fechará em sua própria mente. Não pense no céu: seja o céu. Apenas olhe para cima e vá até lá, permita que o céu chegue até você. Se você for ao céu, o céu imediatamente virá até você.

Como isso pode ser feito? Como ir até o céu? É simples: continue a olhar além e cada vez mais além. Continue a olhar, como se estivesse tentando encontrar o limite. Mova-se a fundo. Mova-se o quanto puder. O movimento em si romperá a barreira. Este método deve ser praticado no mínimo durante 40 minutos: menos que isso não vai funcionar ou não será muito útil.

Quando realmente sentir que se fundiu no céu, pode fechar os olhos. Quando o céu tiver entrado em você, feche os olhos. Você será capaz de vê-lo dentro de si. Então, depois de uns 40 minutos, quando sentir que a unidade aconteceu, que se criou uma comunhão, que você agora é parte do céu e que a mente não comanda mais, feche os olhos e permaneça no céu interior.

Inclua tudo

Essa técnica é um pouco difícil, mas, se você for capaz de executá-la, será maravilhoso, lindo. Sentado, não divida nada. Sentado em meditação, inclua tudo: seu corpo, sua mente, sua respiração, seu pensamento, seu saber... tudo. Inclua tudo. Não divida, não crie nenhuma fragmentação. Normalmente, costumamos dividir e fragmentar as coisas; passamos a vida fragmentando. Dizemos:

"O corpo não sou eu." Existem outras técnicas que podem usar esse tipo de postura, mas esta é totalmente diferente, é o oposto.

Não divida. Não diga "Eu não sou o corpo". Não diga "Eu não sou a respiração". Não diga "Eu não sou a mente". Diga apenas "Eu sou tudo" – e seja tudo. Não crie nenhuma fragmentação dentro de si. Isso é uma maneira de sentir. Com os olhos fechados, inclua tudo o que existe em você. Não fique centrado em lugar nenhum – seja não-centrado. A respiração entra e sai, os pensamentos surgem e vão embora. A forma do seu corpo continuará mudando. Você não observou isso.

Ao sentar com os olhos fechados, você às vezes sentirá que o seu corpo está grande, outras vezes que está pequeno; às vezes parecerá muito pesado, às vezes tão leve que poderia voar. É possível sentir a forma do seu corpo aumentar e diminuir de tamanho. Basta fechar os olhos e sentar-se e eventualmente você sentirá que seu corpo está muito grande – enchendo o aposento inteiro. Outras vezes o sentirá pequeno, minúsculo. Por que a forma do seu corpo muda? Assim como a sua atenção muda, a forma do seu corpo também. Se considerar tudo junto, ficará grande; se começar a excluir as coisas – "Isso não sou eu, isso não sou eu" –, então você se tornará muito diminuto, muito pequeno, minúsculo.

Inclua tudo no seu ser e não descarte nada. Não diga "Esse não sou eu". Diga "Sou eu" e inclua tudo em você. Se for capaz de fazer isso apenas sentado, acontecerão coisas maravilhosas e absolutamente novas. Sentirá que não existe nenhum centro em você. E não havendo centro, também não existe eu, não existe ego: só resta a consciência – a consciência como um céu cobrindo tudo. E quando ela se expande, não só a sua respiração é incluída, não só a sua forma é incluída: no final das contas, o universo inteiro é incluído em você.

O ponto básico é lembrar-se da inclusão. Não exclua. Esta é a chave deste sutra – inclusão. Inclua e cresça. Inclua e se expanda. Experimente com o seu corpo e depois experimente também com o mundo exterior.

Sentado debaixo de uma árvore, olhe para a árvore, depois feche os olhos e sinta que ela está dentro de você. Olhe para o céu, depois feche os olhos e sinta que o céu está dentro de você. Olhe para o sol nascente, feche os olhos e sinta que o sol está subindo dentro de você. Sinta-se mais inclusivo.

Será uma sensação impressionante. Quando sentir que a árvore está dentro de você, imediatamente se sentirá mais jovem, revigorado. E isso não é imaginação, porque tanto a árvore quanto você pertencem à terra. Os dois estão enraizados na mesma terra e, no final das contas, estão enraizados na mesma existência. Portanto, quando sentir que a árvore está dentro de você, a árvore estará mesmo aí dentro – não se trata de imaginação – e o efeito será sentido imediatamente. A vitalidade da árvore, o verde que a compõe, o seu vigor, a brisa que a atravessa, tudo isso será sentido no fundo do coração. Inclua cada vez mais vida e procure não excluir nada.

Portanto, lembre-se do seguinte: torne a inclusão parte do seu estilo de vida – não só uma meditação, mas um estilo de vida, um modo de viver. Experimente incluir cada vez mais. Quanto mais você incluir, mais irá se expandir, mais os seus limites se ampliarão para as próprias fronteiras da existência. Um dia só haverá você: toda a existência estará incluída. Esse é o ápice de toda a experiência religiosa.

Uma meditação para as viagens aéreas

Você não encontrará situação melhor para meditar do que quando estiver voando a grandes altitudes. Quanto maior a altitude, mais fácil será a meditação. É por isso que, durante séculos, os meditadores têm se mudado para o Himalaia, para estar em grandes altitudes.

Quando a força da gravidade é menor e a terra está longe, grande parte dos atrativos mundanos fica distante. Você está longe da sociedade corrompida que o homem construiu. Está rodeado por nuvens, estrelas, a lua, o sol e a imensidão do espaço.

Comece a se sentir em comunhão com essa imensidão. O primeiro passo é: durante alguns minutos, simplesmente pense que você está ficando maior... está preenchendo o avião inteiro. Então vem o segundo passo: comece a sentir que você está ficando ainda maior, maior que o avião – na verdade, o avião está agora dentro de você. Por fim o terceiro passo: sinta que você se expandiu pelo céu inteiro. Agora as nuvens estão passando, assim como a lua e as estrelas... Tudo isso está acontecendo dentro de você, você está enorme, ilimitado.

Essa sensação deverá tornar-se a sua meditação. Você se sentirá totalmente relaxado.

Observando com o terceiro olho

Uma das contribuições do Oriente para o mundo é a compreensão de que, entre nossos dois olhos, há um terceiro olho no interior, o qual normalmente permanece dormente.

A pessoa precisa trabalhar duro, trazer a energia sexual inteira para cima, contra a gravidade, e, quando a energia alcança o terceiro olho, ele se abre. Foram tentados muitos métodos para fazer isso porque, quando ele se abre, há um *flash* súbito de luz e coisas que nunca foram claras subitamente se tornam claras.

Enfatizo a observação e o testemunho por serem os melhores métodos para ativar o terceiro olho, porque esse testemunho está dentro. Seus dois olhos não podem ser usados, só podem olhar para fora. Precisam ser fechados. E quando você tenta observar do interior, isso significa que há alguma coisa similar a um olho que vê. Quem vê os seus pensamentos? Não são os olhos. Quem vê a raiva surgindo em você? Esse lugar de visão é simbolicamente chamado de "terceiro olho".

OSHO: MEDITAÇÃO GOURISHANKAR*

Instruções

Esta técnica consiste em quatro etapas de 15 minutos cada. As primeiras duas etapas preparam o meditador para o Latihan espontâneo da terceira etapa. Osho afirmou que, se a respiração for feita corretamente na primeira etapa, o dióxido de carbono formado na circulação sanguínea fará com que você se sinta tão alto quanto o Gourishankar (o monte Everest).

Observação: Pessoas com um histórico de doenças neurológicas, como epilepsia, nunca devem usar um estroboscópio ou outra fonte de luz intermitente para essa meditação.

Primeira etapa: 15 minutos

Sente-se com os olhos fechados. Inspire profundamente pelo nariz, enchendo os pulmões. Prenda o fôlego pelo tempo que for possível, então expire suavemente pela boca e mantenha os pulmões tão vazios quanto possível. Continue esse ciclo respiratório por toda a primeira etapa.

---

* *A Meditação Gourishankar de Osho é acompanhada por música composta sob a orientação de Osho. A música serve para fornecer um suporte energético e sinalizar o começo de cada etapa da técnica de meditação.*

Segunda etapa: 15 minutos

Volte a respirar normalmente e com um olhar terno observe a chama de uma vela ou uma luz azul piscante. Mantenha o corpo imóvel.

Terceira etapa: 15 minutos

Com os olhos fechados, levante-se e mantenha o corpo relaxado e receptivo. Você sentirá as energias circulando por todo o corpo, fora do seu controle normal. Permita que esse Latihan aconteça. Você não deve tomar a iniciativa: deixe os movimentos acontecerem, de maneira suave e graciosa.

Quarta etapa: 15 minutos

Deite-se com os olhos fechados, silencioso e imóvel.

As três primeiras etapas devem ser acompanhadas por uma batida rítmica constante, de preferência combinada a uma música de fundo calmante. A batida deve corresponder a sete vezes o seu batimento cardíaco normal e, se possível, a luz piscante deve ser um estroboscópio sincronizado.

OSHO: MEDITAÇÃO DA MANDALA*

Instruções

Essa é outra técnica muito eficaz e catártica, que cria um círculo de energia que resulta em uma centragem natural. Há quatro estágios de 15 minutos cada.

Primeira etapa: 15 minutos

Com os olhos abertos, corra no mesmo lugar, começando devagar e aumentando a velocidade aos poucos. Eleve os seus joelhos o mais alto possível. Respirar fundo e uniformemente vai fazer a energia circular internamente. Esqueça tanto a mente quanto o corpo. Mantenha o ritmo.

Segunda etapa: 15 minutos

Sente com os olhos fechados e a boca aberta e relaxada. Gire suavemente o seu corpo a partir da cintura, como um caniço agitado pelo vento. Sinta o vento agitar você de um lado para o outro, para a frente e para trás, fazendo-o girar. Isso conduz as energias despertadas para o centro do umbigo.

---

* *A Meditação da Mandala de Osho é acompanhada por música composta sob a orientação de Osho. A música serve para fornecer um suporte energético e sinalizar o começo de cada etapa da técnica de meditação.*

Terceira etapa: 15 minutos

Deite-se de costas, abra os olhos e, sem mexer a cabeça, gire-os no sentido horário. Gire-os totalmente nas órbitas, como se estivessem acompanhando o ponteiro de segundos de um grande relógio, o mais rápido possível. É importante que a boca permaneça aberta e a mandíbula relaxada, com a respiração suave e constante. Isso levará suas energias centradas para o terceiro olho.

Quarta etapa: 15 minutos

Feche os olhos e permaneça imóvel.

Encontrando a testemunha

Esta técnica foi passada a Pitágoras, que a levou para a Grécia. E, realmente, ele se tornou a fonte de todo o misticismo no Ocidente, o pai do misticismo no Ocidente. Trata-se de um dos métodos mais profundos. Tente compreendê-lo.

A pesquisa científica moderna no campo da fisiologia diz que entre as duas sobrancelhas encontra-se a glândula que é a parte mais misteriosa do corpo. Essa glândula, chamada de glândula pineal, é o terceiro olho dos tibetanos – *Shivanetra:* o olho de Shiva, o olho tântrico. Entre os dois olhos existe um terceiro olho que normalmente se encontra fora de operação. Você precisa fazer alguma coisa para abri-lo. Ele não é cego, está apenas fechado. Esta é uma técnica para abrir o terceiro olho.

Feche os olhos, depois concentre-se no meio das duas sobrancelhas. Apenas concentre-se no meio, com os olhos fechados, como se estivesse olhando com seus dois olhos. Preste total atenção a isso.

Esse é um dos métodos mais simples para se tornar atento. Não é possível estar atento a qualquer outra parte do corpo com tanta facilidade. Essa glândula absorve sua atenção mais do que qualquer outra parte do corpo. Se você prestar atenção, seus dois olhos são hipnotizados pelo terceiro olho. Eles ficam fixos, não conseguem se mover. Se você tentar tomar consciência de qualquer outra parte do corpo, será difícil. O terceiro olho capta a atenção, força a atenção. Ele exerce um magnetismo sobre a atenção. Portanto, todos os métodos no mundo inteiro o usam. É a maneira mais simples de treinar a atenção porque você não apenas está tentando ficar atento como a própria glândula o ajuda: ela é magnética. A sua atenção é conduzida a ela forçosamente. Ela é absorvida.

Segundo as antigas escrituras tântricas, a atenção é o alimento do terceiro olho. Ele está faminto, tem estado faminto ao longo de inúmeras vidas. Se você lhe der atenção, ele se torna vivo. Se lhe der alimento, ele adquire vida. E assim que você aprende que a atenção é o alimento dele, assim que percebe que a sua atenção é magneticamente puxada, atraída, arrastada pela própria glândula, a atenção deixa de ser uma coisa difícil. Só é preciso saber o ponto certo. Simplesmente feche os olhos, direcione-os para o meio e sinta o ponto. Quando estiver próximo ao ponto, de repente seus olhos serão fixados. Quando for difícil movê-los, fique certo de que encontrou o ponto certo.

Se sua atenção estiver focada entre as sobrancelhas, pela primeira vez você vai experimentar um fenômeno estranho. Sentirá pensamentos passarem diante de si, como numa tela de cinema: os pensamentos passam e você é uma testemunha. Assim que a sua atenção estiver concentrada no centro do terceiro olho, imediatamente você se tornará a testemunha dos pensamentos.

Normalmente, em vez de testemunhar, você se identifica com os pensamentos. Sempre que um pensamento surge, você se funde nele, identifica-se com ele e o acompanha. Nesses casos, você se torna o pensamento, assume a forma do pensamento. Quando surge sexo, você se torna sexo; quando surge raiva, você se torna raiva; quando surge ganância, você se torna ganância. Há uma identificação com qualquer pensamento que aparecer.

No entanto, concentrado no terceiro olho, de repente você se torna uma testemunha. Através do terceiro olho é possível ver os pensamentos passando como nuvens no céu ou como pessoas na rua.

Experimente isso. Aconteça o que acontecer, tente ser uma testemunha. Mesmo que esteja doente, seja uma testemunha disso. Nunca se identifique, seja apenas um observador. Se for possível testemunhar, você estará concentrado no terceiro olho.

O outro lado disso também é verdadeiro: estando concentrado no terceiro olho, você se tornará uma testemunha. Essas duas coisas fazem parte de uma única. Primeiro a concentração no terceiro olho faz surgir o eu que testemunha e você pode encontrar os seus pensamentos. Em segundo lugar, agora você consegue sentir a vibração sutil e delicada da respiração. Você é capaz de sentir a forma da respiração, a própria essência da respiração.

Tente entender qual é o significado da "forma" e da "essência da respiração". Enquanto você respira, não está só respirando ar. A ciência diz que respiramos apenas ar: oxigênio, hidrogênio e outros gases. Para o tantrismo, contudo, o ar é apenas o veículo, não a coisa em si. Respiramos *prana*, vitalidade. O ar é apenas o meio, enquanto *prana* é o conteúdo.

Concentrando-se no terceiro olho, você pode observar a verdadeira essência da respiração – não a respiração, mas a própria essência da respiração, o *prana*. E, se for capaz de observá-la, estará no ponto a partir do qual o salto, a transformação radical, acontece.

Tocando como uma pena

Coloque as palmas das mãos sobre os olhos fechados, tocando com elas os globos oculares – mas com a leveza de uma pena, sem fazer pressão. Se você apertar, deixa de sentir o essencial, perde a técnica inteira. Não aperte, apenas toque como uma pena. Será preciso ajustar a pressão, porque no princípio a tendência será apertar demais. Procure pressionar cada vez menos até exercer somente um leve toque. Basta que as palmas das mãos toquem os globos oculares, sem pressão, do contrário a técnica não irá funcionar.

Por quê? Porque uma agulha pode fazer coisas que uma espada não pode. Se você pressionar, a característica muda – e estará sendo agressivo. A energia que flui através dos olhos é muito sutil. Se você pressionar, essa energia começa a exercer uma resistência, começa a brigar, e o resultado será um enfrentamento. Até mesmo uma leve pressão é o bastante para a energia dos olhos começar a julgar.

Toque como se não tocasse: basta um toque, a ligeira sensação de que as palmas estão tocando os globos oculares. Isso é tudo.

O que acontece? Ao tocar sem exercer pressão, a energia começa a circular internamente. Mas como a porta está fechada, a energia retorna para dentro. No momento em que a energia retornar, você sentirá uma leveza se espalhando por todo o seu rosto, pela sua cabeça. Essa energia que retorna o deixará leve.

Exatamente entre os dois olhos encontra-se o terceiro olho, o olho da sabedoria, o *prajna-chakshu*. A energia que retorna dos olhos atinge o terceiro olho. Por isso você se sente leve, como se não houvesse gravidade. Do terceiro olho a energia cai direto no coração. É um processo físico: ela goteja, e você experimenta uma sensação de leveza entrando no seu coração. A velocidade dos seus batimentos cardíacos fica reduzida, assim como a velocidade do seu ritmo respiratório. Você sente o corpo inteiro relaxado.

Mesmo que não entre em meditação profunda, isso lhe será fisicamente benéfico. A qualquer hora do dia, relaxe em uma cadeira – ou sentado na condução –, feche os olhos, sinta um estado de completo relaxamento em todo o corpo e então ponha as palmas das mãos sobre os olhos. Sem pressionar, toque-os com a suavidade de uma pena.

Com esse toque sutil, os seus pensamentos param imediatamente. Na mente relaxada, os pensamentos não conseguem se mover: ficam congelados. Para se agitar, precisam de tensão, de febre e agitação. Eles vivem graças à tensão. Quando os olhos estão quietos, relaxados, e a energia circula para trás, os pensamentos param. Você sente uma certa euforia que se aprofunda cada vez mais.

Pratique essa técnica muitas vezes ao longo do dia. Esse toque lhe fará bem até mesmo por um único momento. Quando sentir os olhos exaustos, sem energia, esgotados – depois de ler, de assistir a um filme ou ver televisão –, basta fechar os olhos e tocá-los. Você sentirá o efeito imediatamente. Para fazer disso uma meditação é preciso praticar durante pelo menos 40 minutos. Basta não pressionar. É fácil exercer o toque suave como o de uma pena por um instante, mas é difícil mantê-lo por 40 minutos. Muitas vezes você vai se esquecer e começar a pressionar.

Durante esse tempo, procure manter-se perceptivo de que as suas mãos não têm peso algum. Isso acabará por se tornar uma percepção profunda, assim como a respiração. Quando Buda diz para respirar com plena percepção, o mesmo deve acontecer com o toque, porque você precisa estar constantemente consciente de que não está pressionando.

A sua mente estará inteiramente ali, atenta, próxima aos olhos, e a energia estará fluindo constantemente. No princípio será apenas um gotejar. Dentro de alguns meses, você sentirá que aquilo se tornou algo como um rio e, em um ano, irá parecer que se tornou uma inundação.

Ao tocar, você sentirá a leveza. Imediatamente, no momento em que você toca, ela se manifesta. E essa leveza penetra no coração. Nada pesado pode entrar, apenas a leveza.

A leveza entre os dois olhos começa a se derramar sobre o coração, e o coração se abre para recebê-la "e ali permeia o cosmos". À medida que a energia cadente se torna uma corrente, depois um rio e por fim uma inundação, você será totalmente banhado, lavado por ela. Já não sentirá mais a si mesmo, sentirá todo o cosmos. Inspirando e expirando, você terá a sensação de que se transformou no cosmos. O cosmos entra e o cosmos sai. A entidade que você sempre foi, o ego, não estará presente.

APENAS SENTE-SE

Você está simplesmente sentado, sem fazer nada. Tudo é silêncio, tudo é paz, tudo é felicidade. Você encontrou Deus, você encontrou a verdade.

Zazen

Os praticantes do Zen nos recomendam apenas sentar e não fazer nada. A coisa *mais difícil* no mundo é exatamente sentar sem fazer nada. Mas, depois que você desenvolve a aptidão para isso, muitas coisas irão acontecer. Você vai se sentir sonolento, começará a sonhar. A sua mente ficará atulhada de pensamentos, além de muitas outras coisas. Ela dirá: "Por que você está desperdiçando o seu tempo? Você poderia ter feito alguma coisa para ganhar dinheiro. Pelo menos poderia ter assistido a algum filme, se divertido, ou ter conversado com os amigos. Poderia ter visto televisão, ou pelo menos poderia ter lido o jornal que acabou não lendo. Por que está desperdiçando o seu tempo?"

A mente vai fazer tudo o que for possível para impedi-lo de simplesmente ficar sentado. Se você perseverar, um dia o sol nascerá.

Chegará um dia em que você não se sentirá mais sonolento – a mente terá se cansado, terá desistido da idéia de que você poderia ser enganado! Acabou tudo: sono, alucinação, sonho, pensamentos. Então você se descobrirá sentado, sem fazer nada, e tudo será silêncio, paz, felicidade. Você encontrou Deus, encontrou a verdade.

Sente-se em qualquer lugar, mas não olhe para nada muito

excitante. As coisas não devem estar se movimentando muito, do contrário se tornam uma distração. Você pode observar as árvores, porque elas não saem do lugar e a cena permanece constante. Pode observar o céu ou apenas sentar num canto olhando para a parede.

Além disso, não olhe para nada em especial: apenas observe o vazio. É preciso olhar para alguma coisa, mas não busque nada em particular. Não focalize nada nem se concentre em coisa alguma – veja apenas uma imagem difusa.

A terceira coisa é relaxar a respiração. Não a produza, deixe que aconteça naturalmente e isso o relaxará ainda mais.

Por último, o seu corpo deve permanecer na maior imobilidade possível. Encontre uma boa postura – sente-se sobre uma almofada, um colchão ou qualquer coisa que lhe agrade, mas, assim que se posicionar, permaneça imóvel, porque se o corpo não se mover a mente se cala automaticamente. Corpo e mente não são duas coisas: são uma coisa só, uma só energia.

No princípio parecerá um pouco difícil, mas depois de alguns dias você verá, pouco a pouco, as camadas da mente começarem a cair. Chegará um momento em que você estará lá, sem a mente.

Instruções

Sente-se de frente para uma parede, a uma distância equivalente ao comprimento do seu braço. Os olhos devem estar meio abertos, permitindo que o olhar descanse suavemente sobre a parede. Mantenha as costas eretas e descanse uma das mãos dentro da outra com os polegares se tocando para formar uma oval. Mantenha o corpo imóvel o mais possível por 30 minutos.

Enquanto estiver sentado, permita uma percepção sem escolha, não dirigindo a atenção para nada em especial, mas mantendo a atitude de maior receptividade e maior atenção possíveis.

APENAS OUÇA

Centenas de palestras espontâneas de Osho foram gravadas em áudio e vídeo. Ele sugeriu que sentar-se em silêncio e ouvir essas palestras poderia ser usado como ferramenta diária para a meditação. Aqui ele nos fala sobre o papel da audição na meditação, tanto em termos de ouvir suas palestras quanto em termos de "apenas ouvir".

Quando estou falando com vocês, não estou tentando me comunicar com suas mentes racionais e intelectuais.

Tenho um único objetivo: estou usando as palavras apenas para criar um intervalo de silêncio. As palavras em si não importam. Então posso dizer qualquer coisa que seja contraditória ou absurda, coisas fora do contexto, porque meu propósito é apenas o de criar intervalos. As palavras são secundárias, os silêncios entre elas são primários. Esse é simplesmente um dispositivo para lhes dar uma breve visão da meditação. Uma vez que vocês saibam que ela está ao alcance de vocês, terão percorrido um longo caminho rumo ao seu próprio ser.

A maioria das pessoas no mundo não pensa que seja possível silenciar a mente. Como não acreditam que isso seja possível, não tentam. O motivo básico pelo qual resolvi falar foi deixar as pessoas provarem meditação. Então posso continuar falando eternamente e não importa nem um pouco o que estou dizendo. Tudo o que importa é que lhes dou algumas oportunidades de ficarem em silêncio, coisa que vocês podem achar difícil de fazer sozinhos no início.

Não posso forçá-los a ficar em silêncio, mas posso criar um dispositivo pelo qual vocês acabem silenciando espontaneamente. Estou falando e, no meio de uma frase, quando vocês estão esperando que venha a próxima palavra, nada vem, a não ser um intervalo em silêncio. A mente estava tentando ouvir, esperando que algo viesse depois. Ela não quer perder nada, então naturalmente se torna silenciosa. O que mais a pobre mente poderia fazer? Se ela soubesse em que instantes eu ficaria silencioso, se lhes fosse dito que nesse e naquele ponto eu ficaria em silêncio, então vocês saberiam: "Esse é o momento em que ele não vai falar, então agora posso ter uma conversinha comigo mesmo." Mas, como isso vem inesperadamente, nem mesmo eu sei quando vou parar.

Se algo assim acontecesse com qualquer orador no mundo, ele seria criticado, porque um orador que fica parando a todo momento é alguém que não está preparado, que não estudou o assunto. Significa que sua memória não é confiável ou que, às vezes, ele não consegue encontrar as palavras certas. Mas, como não se trata aqui de oratória, não estou preocupado com nada disso – estou preocupado com vocês.

E não apenas aqui, neste encontro, mas muito longe... em qualquer lugar do planeta em que as pessoas estiverem me ouvindo, por meio de vídeo ou áudio, elas chegarão ao mesmo silêncio.

Meu sucesso não terá sido convencê-los, mas lhes dar uma sensação real, de forma que se convençam de que a meditação não é uma ficção, que a não-mente não é apenas uma idéia filosófica, e sim uma realidade. Além disso, é preciso que saibam que vocês são capazes disso e que não é preciso ter nenhuma qualificação especial.

Quando vocês ouvem de forma meditativa, vocês entendem e, quando ouvem com concentração, aprendem. Se ouvirem com concentração, ganharão conhecimento. Se ouvirem de forma meditativa, perderão conhecimento. A diferença é muito sutil.

Ouvir com concentração significa que estão tensos, preocupados em aprender, absorver, conhecer. Estão interessados no conhecimento – a concentração é o caminho para o conhecimento. Quando a mente está focada em uma coisa, ela naturalmente aprende mais.

A meditação é a mente sem foco. É preciso apenas ouvir em silêncio, sem tensão alguma na mente, sem necessidade de aprender e conhecer. Em vez disso, ouvir em total relaxamento, em um estado de fluidez, com o próprio ser aberto. Vocês não ouvem para aprender, ouvem apenas para compreender. Essas são diferentes formas de ouvir.

Se estiverem tentando aprender, então estarão tentando memorizar aquilo que digo. Bem no fundo, estarão repetindo as palavras, fazendo anotações mentais. Estarão escrevendo tudo na memória, desejarão que as palavras fiquem tão enraizadas em vocês que não as esquecerão mais. É assim que elas se tornam conhecimento.

A mesma semente poderia ter gerado o *desconhecimento*, a compreensão. Isso significa simplesmente ouvir, sem se interessar em acumular as coisas, sem se interessar em escrever idéias na memória, em suas mentes. Apenas ouvir, de forma aberta, como se ouve música, como se ouvem os pássaros cantando nas árvores, como se ouve o vento passando através de árvores centenárias ou o som da água em uma cachoeira. Não há nada de que se lembrar, nada a ser decorado, não é preciso ouvir com um papagaio dentro da cabeça, basta ouvir sem qualquer participação da mente. O ato de ouvir se torna belo, se torna êxtase, não há um objetivo, o próprio ato já é o êxtase, já é um clímax.

Ouçam de forma meditativa, e não com concentração. Todas as escolas, cursos e universidades ensinam a concentração porque o objetivo é memorizar. Aqui nosso objetivo não é memorizar, não é aprender nada. O objetivo é desaprender.

Ouçam em silêncio e não pensem que irão se esquecer. Não há

necessidade alguma de se lembrar: apenas aquilo que é lixo precisa ser lembrado porque é constantemente esquecido. Quando se ouve uma verdade, não é necessário lembrar-se dela porque ela não pode ser esquecida. Você pode não ser capaz de se lembrar das palavras exatas, mas irá se lembrar da essência, que terá se tornado parte do seu ser e não da sua memória.

A arte de ouvir não lhes foi ensinada. Ninguém nunca lhes disse como ouvir.

Quando me tornei professor de filosofia, era a primeira coisa que fazia em todos os meus cursos. Todo ano, durante um ou dois meses, não ensinava nada. Durante o primeiro mês, aqueles que quisessem seguir o meu curso precisavam aprender a ouvir. Alguns estudantes reclamavam: "Isso não está no currículo do curso, não há nada escrito que teremos que passar um mês aprendendo a ouvir."

O vice-reitor me perguntou:

– Por que você faz isso, por que você pede aos estudantes para apenas se sentarem e aprenderem a ouvir durante um mês?

Eu respondi:

– O que mais poderia fazer? Tenho que lidar com todo o peso de sua sociedade. Isso deveria ter sido feito mais cedo na educação deles, teria sido mais fácil.

– Mas – disse ele – todos eles ouvem perfeitamente!

– Não é uma questão de audição... – respondi.

Vocês podem ouvir algo enquanto pensam em outra coisa. Então esse pensamento se mistura com o que estão ouvindo. Aquilo que vocês carregam consigo como se tivessem ouvido não é o que foi dito, mas outra coisa. Pode ser até mesmo o oposto.

Cada um de vocês traz preconceitos dentro de si e esses preconceitos vão examinando tudo o que entra pelos seus ouvidos. Bloqueiam tudo que vai contra eles, deixando passar apenas aquilo que lhes é favorável.

Então eu dissse ao vice-reitor:

– Desta forma certamente é impossível aprender filosofia. Não sei quanto a outros cursos, mas no caso do meu curso é impossível, porque a filosofia é basicamente a percepção de um problema a partir de todos os seus aspectos. Se você já se decidiu a respeito... Por exemplo, se estivermos discutindo sobre Deus e você achar que sabe que Deus existe, ou achar que sabe que Ele não existe, então como pode compreender todos os aspectos? O que irá significar dizer se Deus existe ou não? O que irá significar se apenas ficarmos indiferentes à questão? O que irá significar se concluirmos que é impossível saber se Deus existe ou não e permanecermos agnósticos? Há centenas de outras implicações. Essas, contudo, só podem ser pensadas se você não tiver uma idéia preconcebida.

No início era muito difícil para mim fazer com que os alunos permanecessem sentados durante uma hora, ouvindo em silêncio. Havia os pássaros do lado de fora, outros ruídos... um professor gritando, carros passando, um avião, bastava ouvir. Não havia nada a fazer, pura e simplesmente ouvir.

Muitos deles abandonavam o curso antes do final do mês. Se 30 começavam, eu tinha quase certeza de que apenas 10 ficariam. Mas os 10 que permanecessem ficariam gratos não por aquilo que foi ensinado durante aquele mês, mas pelo que haviam aprendido. O que era ensinado depois era importante para que eles obtivessem seu diploma universitário, mas o que haviam aprendido em um mês sentados em silêncio tornava-se uma nova forma de ver as coisas, de sentir, de ser.

A verdade acontece quando você está com a devida disposição para ouvir de forma correta. Não tem nada a ver com o objeto, com o que está sendo ouvido, e sim com a qualidade desse ouvir. Nós nos esquecemos de como é ouvir. Mesmo quando estamos em silêncio, não estamos ouvindo. Mesmo quando pretendemos mostrar que estamos realmente ouvindo, não estamos – dentro de nossas mentes, fazemos mil e uma coisas. Muitos pensamentos estão passando. Por cortesia, dizemos que estamos ouvindo, mas dentro de nós há uma grande zoeira. Como é possível ouvir assim?

Para ouvir, é preciso primeiro deixar de lado os pensamentos. Enquanto houver pensamentos, é impossível ouvir. Se estiverem falando por dentro enquanto eu falo com vocês, como poderão me ouvir? Como vocês estão mais próximos de si do que de mim, seus pensamentos estarão mais próximos de vocês. Eles criarão um círculo ao seu redor e não permitirão que minhas palavras entrem. Permitirão apenas a passagem daquelas idéias que estiverem sintonizadas com eles, que irão escolher e selecionar. Não permitirão nada que seja estranho, pouco familiar, desconhecido.

Nesse caso, não vale a pena ouvir, porque vocês estariam ouvindo apenas seus próprios pensamentos. Isso é perigoso, porque pensariam que estavam me ouvindo.

Ouvir da forma correta significa estar completamente receptivo e silencioso.

Os discípulos Zen ficam sentados durante meses, algumas vezes anos, até se tornarem capazes de ouvir. Quando qualquer um procurava o Buda, ele dizia: "Durante um ano ou dois, apenas fique sentado aí. Não é preciso fazer mais nada. Apenas aprenda a sentar-se." As pessoas respondiam que já sabiam como sentar, então Buda dizia: "Nunca encontrei uma pessoa que saiba sentar porque, quando digo sentar, eu quero dizer *sentar* – sem agitação, sem qualquer pensamento. Completamente em silêncio, em absoluto silêncio, sem movimento algum do corpo, sem movimento na mente. Um poço de energia sem ondulações."

Então chega um momento em que você se torna tão silencioso que o ouvinte desaparece. Primeiro desaparecem pensamentos, depois o pensador. O pensador nada mais é do que aquele que faz a ponte entre os pensamentos. Quando os pensamentos não estão mais presentes, subitamente o pensador se evapora.

Quando você está ouvindo tão inteiramente que não há pensamentos surgindo, então o ouvinte também desaparece.

OSHO: TERAPIAS DE MEDITAÇÃO

Os métodos antigos de meditação foram todos desenvolvidos no Oriente. Nunca levaram em consideração o homem ocidental. Estou criando técnicas não apenas para o homem oriental, mas para todo ser humano, seja ele oriental ou ocidental.

Osho também criou uma série de terapias de meditação: A Rosa Mística, Não-Mente e Renascimento. Singularmente simples e eficazes, elas requerem o mínimo de interação entre os participantes, mas a energia do grupo ajuda cada indivíduo a se aprofundar ainda mais em seu próprio processo. Uma quarta terapia de meditação se chama Lembrando-se da Linguagem Esquecida para Falar com o Seu Corpo-Mente e pode ser feita individualmente ou em grupo. Todas as Terapias de Meditação de Osho são oferecidas como parte do programa do Osho Meditation Resort em Puna, na Índia. De tempos em tempos, elas também são oferecidas por facilitadores treinados em diversas locações em todo o mundo.

OSHO: MEDITAÇÃO DA ROSA MÍSTICA

A simbologia da rosa mística é que, se um homem cuida da semente com a qual nasceu, proporcionando-lhe o solo certo, a atmosfera e as vibrações certas, trilha um caminho certo no qual a semente possa brotar, então o supremo crescimento é simbolizado pela rosa mística – quando o seu ser floresce, abre todas as suas pétalas e libera a sua linda fragrância.

A Terapia de Meditação da Rosa Mística é um processo que leva três horas por dia e dura três semanas. É oferecido mensalmente como parte do programa Multiversity no Osho Meditation Resort em Puna, na Índia, e também em muitos Osho Meditation Centers em todo o mundo. A pedido de Osho, as terapias de meditação são sempre conduzidas por um facilitador que foi treinado nesse processo no Meditation Resort.

Recomenda-se fazer ao menos três meses de Meditação Dinâmica de Osho antes de ingressar na Terapia de Meditação da Rosa Mística. As instruções a seguir se referem à Meditação da Rosa Mística, que pode ser feita por indivíduos que já tenham participado da Terapia de Meditação da Rosa Mística.

Instruções

Esta meditação em três partes, com duração de 21 dias, pode ser feita por todos aqueles que já tenham participado da Terapia de Meditação da Rosa Mística. Você pode executá-la sozinho ou na companhia de amigos.

1. Instruções para o riso

O riso autêntico não possui uma razão. Ele acontece em você tão naturalmente como uma flor desabrocha em uma planta. Não possui motivo ou explicação racional. É misterioso, por isso seu símbolo é a rosa mística.

Durante sete dias, comece gritando "Iá-hu!" algumas vezes e depois ria sem motivo nenhum durante 45 minutos. Você pode ficar sentado ou deitado. Algumas pessoas acham que deitar-se de costas ajuda a relaxar os músculos do estômago e facilita a circulação da energia. Outras acham que cobrir-se com um lençol ou manter as pernas levantadas ajuda a provocar o riso, despertando o riso infantil que existe nelas. O importante é encontrar o seu riso interior, o riso sem motivo algum, portanto em geral os olhos permanecem fechados. Olhar para os companheiros rindo, contudo, também é uma ótima maneira de provocar o riso.

Deixe que seu corpo role ligeiramente de forma solta e relaxada, com a inocência da criança que existe dentro de você, e permita que seu riso seja completamente espontâneo.

Às vezes podem surgir bloqueios que foram alimentados durante séculos, impedindo seu riso. Quando isso acontecer, grite "Iá-hu!" ou comece a tagarelar (emitir sons sem nexo) até voltar a rir naturalmente.

Relaxe: no fim da etapa do riso, sente em silêncio, com os olhos fechados, durante alguns minutos. Mantenha o corpo imóvel, como uma estátua, reunindo toda a sua energia internamente. Continue relaxando: relaxe o corpo totalmente, sem o menor esforço ou controle. Quando achar que está pronto, ainda sentado, endireite sua postura, ainda em silêncio, e observe durante 15 minutos.

2. Instruções para as lágrimas

Quando o riso terminar, você se sentirá preenchido de lágrimas e dor. Esta também é uma ótima oportunidade para se aliviar. Muitas vidas de dor e sofrimento irão desaparecer, se você puder se livrar dessas duas camadas que descobriu dentro de si.

Durante a segunda semana, comece dizendo "Iá-bu" algumas vezes suavemente, depois comece a chorar e permaneça assim por 45 minutos. Talvez você prefira um aposento em penumbra para ajudá-lo a encontrar sua tristeza. Pode ficar sentado ou deitado. Feche os olhos e rememore todos os sentimentos que possam ajudá-lo a chorar.

Permita-se chorar verdadeira e intensamente, limpando e aliviando o coração. Sinta todas as suas mágoas e infelicidades represadas irromperem, como um rio de lágrimas represado rompendo a represa e inundando tudo. Caso se sinta bloqueado ou sonolento depois de chorar durante algum tempo, experimente falar a esmo, tagarelando sem nexo. Balance o corpo para a frente e para trás ligeiramente ou repita o mantra "Iá-bu" algumas vezes. As lágrimas estão em você, não as impeça de correr.

Relaxe: ao fim da etapa de choro, sente em silêncio por alguns minutos e então relaxe, como fez depois do riso.

Durante essa semana de lágrimas, permaneça aberto a qualquer situação que possa provocar o choro. Sinta-se vulnerável.

3. Instruções para o observador na montanha

Durante a terceira semana, sente em silêncio por qualquer período de tempo que lhe pareça conveniente e confortável, e depois dance ao som de uma música leve e animada. Você pode sentar no chão ou usar uma cadeira. Mantenha a cabeça e as costas o mais eretas possível, os olhos fechados e a respiração natural.

Relaxe, fique atento, torne-se um observador no alto da montanha, testemunhando o que acontece. Esse processo de observar é a meditação – o que está sendo observado não é importante. Lembre-se que é importante não se identificar ou se deixar distrair pelo que acontece ou pelo que você vê – pensamentos, sentimentos, sensações, julgamentos.

Quando estiver sentado, toque um pouco de música suave à sua escolha e dance ao som dela. Deixe o corpo encontrar os próprios movimentos sozinho e continue observando enquanto se movimenta. Não se deixe levar pela música.

4. Algumas dicas úteis

- *Durante um período completo de 21 dias, é melhor evitar outras meditações ou sessões catárticas (por exemplo, a Meditação Dinâmica ou a Kundalini, ou ainda sessões de respiração, liberação emocional e bioenergéticas).*

- *Quando fizer a Meditação da Rosa Mística em grupo, os participantes não devem conversar entre si durante a meditação.*

- *Muitas pessoas descobrem uma camada de raiva durante a semana do riso ou a semana de lágrimas. Não há necessidade de ficar preso. Experimente expressar a raiva balbuciando sons e fazendo movimentos com o corpo, depois volte ao riso ou às lágrimas.*
- *Comemore o seu riso, comemore as suas lágrimas, comemore os seus momentos de vigília silenciosa!*

Lágrimas e risos: uma limpeza para o coração

Para os que querem se aprofundar, decidi criar uma nova terapia de meditação. A primeira parte é a do riso – durante três horas, as pessoas riem sem nenhuma razão. E, ao sentirem que vão parar de rir, devem exclamar "Iá-hu!" e continuar a rir. Depois de três horas você ficará surpreso com as inúmeras camadas de poeira que se acumularam sobre seu ser. Esta prática limpa essa poeira com um só golpe em sete dias ininterruptos, três horas por dia – você não é capaz de imaginar até que ponto o seu ser pode se transformar.

A segunda parte são as lágrimas. A primeira parte remove tudo o que impede o seu riso: todas as inibições do passado da humanidade, todas as repressões. Cria um espaço inteiramente novo dentro de você. Mas ainda é preciso dar mais alguns passos para chegar ao templo do seu ser, porque você reprimiu tanta tristeza, tanto desespero, tanta ansiedade, tantas lágrimas – está tudo ali, encobrindo a sua beleza, a sua graça, a sua alegria.

Na antiga Mongólia havia um pensamento segundo o qual a cada vida toda a dor que fosse reprimida iria se acumulando. A dor de fato *é* reprimida, porque ninguém a quer. Você não quer sentir dor, então a reprime, a evita, olha em outra direção. A dor, contudo, permanece.

Concordo com essa idéia de que, vida após vida, a dor continua se acumulando, tornando-se quase uma carapaça. Se entrar em si mesmo, encontrará as duas coisas: risos e lágrimas. É por isso que algumas vezes, rindo, de repente você também encontra as lágrimas. Ficamos confusos quando isso acontece porque normalmente pensamos que são coisas opostas. Quando estamos cheios de lágrimas, não é hora para rir, ou quando estamos rindo não é um momento para lágrimas. Mas a existência transcende todos os seus conceitos, que são dualistas, assim como suas ideologias. Dia e noite, riso e lágrimas, dor e felicidade sempre vêm juntos.

Quando a pessoa alcança o seu ser mais profundo, descobre que a primeira camada é a do riso e a segunda camada é a das lágrimas.

Durante sete dias você precisa se permitir lamentar e chorar sem nenhuma razão. Toda vez que sentir que as lágrimas não vêm, diga: "Iá-bu!" Esses são sons puros, usados como uma técnica para provocar ou seu riso ou suas lágrimas e purificar o ser por completo, de modo que você possa se tornar uma criança inocente.

Por fim, a terceira parte é a testemunha: o observador na montanha. Depois do riso e das lágrimas, resta apenas o silêncio da testemunha. O ato de testemunhar é supressivo. O choro pára quando você o testemunha, ele fica dormente. Esta meditação livra-se do riso e das lágrimas de antemão, de modo que não reste nada a ser reprimido em seu testemunho. Testemunhar abre um céu puro e, durante sete dias, você vivencia essa claridade.

Esta é a minha meditação predileta.

Nenhuma outra meditação tem tanto a oferecer como esta modesta estratégia. É preciso romper as duas camadas que existem dentro de nós.

A sua capacidade de rir foi reprimida quando lhe disseram: "Não ria, o assunto é sério." Não é permitido rir na igreja nem durante aulas na faculdade, por exemplo. Por isso a primeira camada a ser quebrada é a do riso, mas, ao superar essa camada, você se vê subitamente inundado por lágrimas, em um tormento. No entanto, essa também é uma ótima experiência de alívio. Muitas vidas de dor e sofrimento desaparecem depois dela. Se você conseguir se livrar dessas duas camadas, então terá se encontrado.

As expressões "Iá-hu!" e "Iá-bu" não têm nenhum significado especial. São meros sons que podem ser usados com uma determinada finalidade, para ajudá-lo a ter contato com o seu ser interior.

Eu inventei muitas meditações, mas talvez esta seja a mais essencial de todas. Ela pode envolver o mundo inteiro.

As sociedades fazem muito mal em impedir as suas alegrias e as suas lágrimas. Se um adulto começa a chorar, os outros dizem: "O que é isso? Você devia se envergonhar; você não é uma criança."

Faça um teste: pare na rua e comece a chorar, e uma multidão de pessoas irá se aproximar para consolá-lo: "Não chore! O que passou, passou." Ninguém sabe o que aconteceu, ninguém pode ajudar você, mas todo mundo vai tentar. E a razão é que, se você continuar chorando, então *elas* começarão a chorar, porque também estão à beira das lágrimas. Os olhos têm lágrimas represadas.

É saudável chorar, rir. Os cientistas descobriram que chorar e rir são coisas imensamente saudáveis, não só fisicamente, mas também psicologicamente, pois ajudam a preservar a saúde mental. A humanidade inteira está mentalmente doente, pela simples razão de que ninguém ri plenamente, porque sempre haverá alguém que dirá: "O que é isso? Você parece uma criança! O que os seus filhos irão pensar? Controle-se!"

Se você chorar sem nenhuma razão aparente, como um exercício, uma meditação, ninguém irá acreditar. Ninguém acredita nas lágrimas como uma forma de meditação. Elas não são apenas uma forma de meditação, são também um remédio. Você ficará com a vista melhor e aumentará sua capacidade de visão interior.

Estou lhe ensinando uma técnica básica, nova e nunca antes utilizada. Seus efeitos mostrarão para qualquer um que essa meditação nos deixa mais jovens, mais carinhosos, mais amáveis. Por meio dela nos tornamos mais maleáveis, menos radicais, mais joviais e nos sentimos mais animados.

O que o mundo precisa é de uma boa limpeza do coração, para eliminar todas as inibições do passado. E tanto o riso quanto as lágrimas podem promover isso. As lágrimas tiram todo o sofrimento guardado dentro de você e o riso afasta tudo o que impede a sua capacidade de se alegrar. Depois de aprender essa técnica, você vai se perguntar: por que nunca ninguém comentou a respeito antes? Há uma razão: ninguém jamais quis que a humanidade tivesse o frescor, a fragrância e a beleza de uma rosa.

OSHO: MEDITAÇÃO DA NÃO-MENTE

Não-mente significa inteligência. Mente significa tagarelice, não-inteligência, e, quando lhe peço para começar a tagarelar ou balbuciar, estou lhe pedindo que jogue fora a mente e toda a sua atividade para que você permaneça puro, limpo, transparente e perceptivo.

Eis aqui uma nova meditação, dividida em três partes.

A primeira parte é o balbuciar.[1] A palavra "balbuciar" foi originalmente sugerida por um místico sufi, Jabbar. Ele nunca falou em nenhuma língua, só articulava sons desconexos. Ainda assim tinha milhares de discípulos, porque o que dizia era: "A sua mente nada mais é que um balbuciar. Deixe-a de lado e terá uma idéia do seu ser.

Balbucie e enlouqueça conscientemente. Enlouqueça com absoluta consciência, de modo a tornar-se o centro do ciclone. Deixe sair o que vier, sem se preocupar se faz sentido ou não ou se é razoável. Ponha para fora todo o lixo da mente, criando assim o espaço para o aparecimento do Buda.

---

1 No original, *gibberish*. Osho sugere que a palavra tenha se originado do nome do místico sufi Jabbar, cujo som é similar em inglês. Essa não é, contudo, a etimologia geralmente aceita para a palavra. (N. do T.)

Na segunda parte, o ciclone passou e levou você junto. O Buda tomou o seu lugar em absoluto silêncio e imobilidade. Você está apenas testemunhando o corpo, a mente e qualquer coisa que aconteça.

Na terceira parte direi: "Relaxe!" Então você irá relaxar o seu corpo e deixá-lo cair sem nenhum esforço, sem o controle da mente. Caia, como um saco de batatas.

Cada parte começa com o som de um tambor.

Instruções

No início, experimente fazer a meditação por sete dias, um período mais do que suficiente para sentir os seus efeitos. Balbucie durante cerca de 40 minutos, depois prossiga com 40 minutos de testemunho e relaxamento, mas você pode prolongar as duas etapas por mais 20 minutos, se desejar.

Primeira etapa: Tagarelice ou loucura consciente

De pé ou sentado, feche os olhos e comece a articular sons absurdos – ou seja, comece a balbuciar. Produza os sons que quiser, mas não fale em nenhum idioma nem use palavras conhecidas. Permita-se expressar o que for necessário em seu íntimo. Coloque tudo para fora, fique completamente maluco. Fique conscientemente louco. A mente pensa em termos de palavras. Balbuciar ajuda a quebrar esse padrão de verbalização contínua. Sem reprimir os seus pensamentos, você se livra deles balbuciando.

Tudo é permitido: cante, grite, chore, berre, resmungue, fale. Deixe o seu corpo fazer o que quiser: pule, deite-se, caminhe, sente-se, chute e assim por diante. Não deixe espaços vazios. Se não for capaz de encontrar sons para emitir, diga apenas "la, la, la", mas não fique calado.

Se fizer essa meditação com outras pessoas, não se relacione nem entre em contato com elas de forma alguma. Concentre-se apenas no que lhe acontecer e não se incomode com o que outros estão fazendo.

Segunda etapa: Testemunho

Depois de balbuciar, sente em silêncio absoluto e relaxe totalmente, concentrando toda a sua energia dentro de si, deixando que seus pensamentos se afastem cada vez mais, permitindo-se entrar no silêncio profundo e na paz intensa que estão no seu centro. Para isso, pode sentar-se no chão ou usar uma cadeira. O importante é que a cabeça e as costas fiquem eretas, o corpo relaxado, os olhos fechados e a respiração natural.

Mantenha-se perceptivo, concentre-se totalmente no momento presente. Torne-se um observador na montanha, testemunhando o que estiver acontecendo. Seus pensamentos tentarão correr para o futuro ou voltar para o passado. Apenas observe-os de longe: não os julgue, não se deixe levar por eles. Permaneça no presente, observando. A meditação é esse processo de observação; o que você está observando não é importante. Lembre-se de não se identificar nem se perder no que passar: pensamentos, sentimentos, sensações, julgamentos.

Terceira etapa: Relaxe

Balbuciar serve para se livrar da mente em atividade. O silêncio serve para se livrar da mente inativa e o relaxamento é para ingressar no transcendental.

Depois de testemunhar, deixe que seu corpo desabe no chão sem nenhum esforço ou controle. Deitado de costas, continue a testemunhar, percebendo que você não é nem o corpo nem a mente, que você é alguma coisa separada de ambos.

À medida que você mergulhar cada vez mais profundamente dentro de si, acabará chegando ao seu centro.

Quando sentir que está pronto, sente novamente e, durante alguns minutos, lembre-se do espaço em que você esteve. Lembre-se do silêncio e da paz.

OSHO: RENASCIMENTO

Recupere a sua infância. Todo mundo quer voltar à infância, mas ninguém faz nada neste sentido. *Todo mundo* deseja isso! As pessoas dizem que a infância era um paraíso e os poetas escrevem poemas sobre a beleza da infância. Quem o está impedindo? Recupere a sua infância! Eu lhe dou essa oportunidade.

Seja brincalhão. Isso vai ser difícil, porque você está muito estruturado. Criou uma armadura ao seu redor e agora não consegue afrouxá-la. Você não é capaz de dançar, não é capaz de cantar ou de pular; não é capaz de gritar, rir ou sequer sorrir. Mesmo que queira rir, é preciso que haja um pretexto, uma razão, para rir. Não se pode chorar nem choramingar sem motivo.

Deixe de lado o conhecimento, a seriedade. Seja um grande gozador durante alguns dias. Não há nada a perder! Se não ganhar nada, também não perderá nada. O que haveria a perder sendo divertido? Eu lhe digo: você nunca mais será a mesma pessoa.

A minha insistência em ser brincalhão é por causa disso. Quero que volte ao ponto exato em que parou de crescer. Em algum ponto de sua infância você deixou de crescer e começou a ser falso. Talvez tenha passado por algum momento de raiva – uma criança com um acesso de raiva, odiando tudo – e seu pai ou sua mãe lhe disse: "Não sinta raiva! Isso não é bom!" Antes, você era natural, mas então surgiu uma divisão e lhe foi imposta uma escolha: se quiser ser natural, não terá mais o amor de seus pais.

Nesses oito dias, quero fazer você regredir ao ponto em que

começou a ser "bom" em vez de ser natural. Seja brincalhão e recupere a sua infância. Será difícil, pois será preciso colocar de lado as suas máscaras, as suas faces. Será necessário deixar de lado a sua personalidade. Mas lembre-se de uma coisa: a essência só pode se afirmar na ausência da sua personalidade, porque ela se tornou uma prisão. Deixe-a de lado! Será doloroso, mas valerá a pena, porque você vai renascer a partir daí. Não há parto sem dor. Se estiver realmente determinado a renascer, então corra o risco.

Instruções

Durante duas horas por dia, ao longo de sete dias, siga as duas etapas abaixo.

Primeira etapa

Durante a primeira hora comporte-se como uma criança. Volte à infância. Faça tudo o que sentir vontade de fazer – dançar, cantar, pular, chorar, choramingar –, qualquer coisa, em qualquer posição. Nada é proibido, a não ser tocar as outras pessoas. Não toque nem machuque ninguém do grupo.

Segunda etapa

Durante a segunda hora fique sentado em silêncio. Você se sentirá mais revigorado, mais inocente, e será muito mais fácil meditar.

Decida que, durante esses dias, você será tão ignorante quanto era ao nascer – apenas uma criança, um bebê recém-nascido, sem saber de nada, sem perguntar nada, sem pedir nada nem discutir nada. Se for capaz de ser um bebê recém-nascido, muitas coisas se tornarão possíveis. Até mesmo o que lhe parece impossível será possível.

OSHO: LEMBRANDO-SE DA LINGUAGEM ESQUECIDA PARA FALAR COM O SEU CORPO-MENTE

Quando você começar a se comunicar com o seu corpo, as coisas se tornarão fáceis. O corpo não precisa ser forçado, ele pode ser persuadido. Não é necessário brigar com o corpo – isso é feio, violento, agressivo, e qualquer conflito irá apenas criar mais tensão. Você não precisa estar em conflito: deixe que o conforto se torne a regra. O corpo é um presente tão bonito de Deus que brigar com ele é negar o próprio Deus. É um santuário, e fomos colocados dentro desse santuário; é um templo. Existimos dentro dele e temos que cuidar muito bem dele, é nossa responsabilidade.

Essa terapia meditativa destina-se a criar um elo de amizade consigo mesmo, com seu corpo e também com sua mente, seus pensamentos e sentimentos, expressá-los por meio do seu corpo. A dor, as doenças, os vícios (como o álcool, o açúcar, a comilança compulsiva, etc.) serão abordados e podem ser curados. Esse processo é uma oportunidade para mobilizar as suas energias de cura interior e para relaxar profundamente.

PARTE 4

OBSTÁCULOS À MEDITAÇÃO

AS DUAS DIFICULDADES

Existem apenas duas dificuldades no caminho da meditação: uma é o ego. A segunda é a sua mente tagarelando o tempo todo.

O ego

Você é continuamente preparado pela sociedade, pela família, pela escola, pela Igreja, por todo mundo ao seu redor, para ser egoísta. Até mesmo a psicologia moderna se baseia no fortalecimento do ego.

A concepção geral da psicologia moderna, da educação moderna, é de que, a menos que se tenha um ego muito forte, será impossível vencer na vida, onde a competição é tanta que, se você for um homem humilde, qualquer um irá passá-lo para trás. Você precisa de um ego inquebrantável, forte como aço, para batalhar neste mundo competitivo; só assim poderá ter sucesso. Em qualquer campo – no ramo empresarial, na política ou em qualquer profissão – é preciso ter uma personalidade muito assertiva, e a nossa sociedade como um todo está voltada para produzir essa personalidade assertiva na criança. Desde a mais tenra infância começamos a dizer: "Seja o primeiro aluno da classe"; quando a criança se torna o primeiro aluno da classe, todo mundo a elogia. O que estamos fazendo com isso? Estamos alimentando o ego dessa criança desde pequena, gerando nela uma certa ambição: "Você pode se tornar o presidente do país, pode se tornar o primeiro-ministro." Ela começa a própria jornada com essas idéias e o ego dela vai ficando cada vez maior à medida que ela obtém sucesso.

Em todos os sentidos, o ego é a maior doença que pode acometer um ser humano. Se você tiver sucesso, o seu ego aumenta de tamanho – isso é um perigo, porque então a pedra que você terá de remover para desbloquear o seu caminho será ainda maior. Se o ego for pequeno e você não teve êxito, acabou como um fracassado, e aí seu ego ficará ferido. Ele dói, gera complexo de inferioridade, continua sendo um problema. Você terá sempre medo de começar uma coisa nova, até mesmo a meditação, porque sabe que é um fracasso, sabe que vai falhar... A sua mente ficou assim. Você já falhou antes e a meditação é uma coisa importante – como poderia ter sucesso?

Se abordar a meditação com essa idéia – de que você tenderá a fracassar, esse é o seu destino, isso é uma fatalidade ligada à sua vida –, então não poderá mesmo ter sucesso. Portanto, se o ego for grande, será um empecilho. Se o ego for muito pequeno, ele se tornará uma ferida que também será um empecilho. Nos dois casos o ego é um problema.

No útero da mãe, toda criança está em êxtase. É claro que ela ainda não percebe isso. Ela é um só com seu êxtase, a tal ponto que não há um conhecedor a ser esquecido. A felicidade é o seu próprio ser e não há distinção entre o conhecedor e o conhecido. É claro, então, que a criança não percebe que está feliz. Só nos conscientizamos de alguma coisa quando a perdemos.

É assim. É muito difícil conhecer alguma coisa sem a perder porque, sem a perda, você está inteiramente unido a ela. Não existe distância: o observador e o observado são uma coisa só, o conhecido e o conhecedor são uma coisa só.

No útero da mãe, toda criança está em êxtase. Os psicólogos também concordam com isso. Eles dizem que toda busca religiosa nada mais é que um modo de reencontrar o útero da mãe. Eles usam esse argumento como uma crítica à religião, mas para mim não há aí crítica alguma. Essa é a verdade. Sim, a busca religiosa é uma tentativa de reencontrar o útero. A busca religiosa é uma tentativa de fazer de toda essa existência um útero.

No útero, a criança está em harmonia absoluta com a mãe. A criança não sabe que existe separadamente da mãe. Se a mãe é saudável, a criança é saudável; se a mãe está doente, a criança está doente. Se a mãe fica triste, a criança fica triste; se a mãe está contente, a criança está contente. Se a mãe está dançando, a criança está dançando; se a mãe está sentada em silêncio, a criança está quieta. A criança não tem nenhum limite próprio ainda. É o êxtase mais profundo, mas é preciso perdê-lo.

A criança nasce e de repente é arrancada do seu centro. É desenraizada da terra, da mãe. Ela perde os seus pontos de ancoragem e não sabe mais quem ela é. Não havia nenhuma necessidade de saber isso quando estava com a mãe. Não havia nenhuma necessidade de saber – ela era tudo e não havia nenhuma necessidade de saber, não havia distinção. Não havia "você", portanto não havia nenhuma dúvida quanto a "eu". A realidade era não-dividida, era *adwaita* – pura *adwaita*, não-dualidade.

Mas, assim que a criança nasce, o cordão umbilical é cortado e ela começa a respirar por conta própria; de repente, todo o seu ser se torna uma indagação para saber quem ela é. É natural. Então a criança começa a perceber os seus limites – o seu corpo, as suas necessidades. Às vezes está contente, às vezes está triste; às vezes se sente satisfeita, às vezes insatisfeita; às vezes tem fome, chora, e não há nenhum sinal da mãe em parte alguma; às vezes está no peito da mãe, apreciando novamente a união com a mãe. Mas agora existem muitos humores e muitos climas e ela começa, pouco a pouco, a sentir a separação. Aconteceu um divórcio, o matrimônio foi rompido.

A criança estava absolutamente casada com a mãe e agora está separada dela para sempre. Ela precisa descobrir quem é. Passamos a vida inteira tentando descobrir quem somos. Essa é a questão mais fundamental.

Primeiro a criança toma consciência de "meu", depois de "mim", depois de "você", então de "eu". É assim que ela procede. Esse é precisamente o procedimento, exatamente nessa ordem. Primeiro ela se conscientiza de "meu". Observe, porque essa é a sua construção, a estrutura do seu ego. Primeiro a criança se conscientiza de "meu" – este brinquedo é meu, esta mãe é minha. Ela começa possuindo. A possessividade é muito básica, por isso o possuidor entra em cena primeiro. Todas as religiões afirmam: não seja possessivo, porque o inferno começa na posse.

Observe as crianças pequenas: são muito ciumentas, possessivas, cada criança tentando arrebatar tudo de todo mundo e tentando defender os próprios brinquedos. Podemos encontrar crianças muito violentas, quase indiferentes às necessidades dos outros. Se uma criança está brincando com um brinquedo dela e outra criança se aproxima, você está diante de um Adolf Hitler, um Gêngis Khan, um xá de Nadir. Ela agarra o brinquedo e se prepara para bater, está pronta para a luta. É uma questão de território, uma questão de dominação.

A possessividade entra em cena primeiro; esse é o veneno básico. E a criança começa a dizer: "Isto é meu."

Assim que o "meu" entra em cena, então você se transforma em um adversário de todo mundo. Quando o "meu" entra em cena, a sua vida passa a ser de competição, luta, conflito, violência, agressão.

O próximo passo depois de "meu" é "mim". Quando você tem alguma coisa a reivindicar como seu, de repente, por meio dessa reivindicação, surge a idéia de que agora você é o centro das suas posses. As posses se tornam o seu território e, por meio delas, surge uma idéia nova: "mim".

Depois de se estabelecer como "mim", você pode ver claramente que tem um limite e aqueles que se encontram do lado de fora do limite são "você". O outro torna-se claro e as coisas começam a se separar.

O universo é um, uma unidade. Nada está separado. Tudo está interligado a todo o resto, é uma tremenda conectividade.

Você está ligado à terra, está ligado às árvores e às estrelas. As estrelas estão ligadas a você, estão ligadas às árvores, aos rios e às montanhas. Tudo está interligado. Nada está separado, nada pode estar separado. A separação não é possível.

Em cada respiração existe uma ponte ininterrupta com a existência. Você come, a existência entra em você; você defeca, ela se torna adubo – a maçã na árvore se tornará parte do seu corpo amanhã e alguma parte do seu corpo se tornará adubo, alimento para a árvore... numa troca contínua. Nem por um único momento isso pára. Quando parar é porque você morreu.

O que é a morte? A morte é separação. Ser uma unidade é estar vivo, deixar de ser uma unidade é estar morto. Portanto, quanto mais você pensa: "Estou separado", menos sensível se torna, então mais morto, arrastado e inerte você fica. Quanto mais você sente que está ligado, mais a existência como um todo faz parte de você e você faz parte de toda a existência. Quando entende que somos parte uns dos outros, o seu ponto de vista muda. As árvores já não são estranhas, elas estão continuamente preparando o seu alimento. Ao inspirar, você leva oxigênio para dentro; ao expirar, oferece gás carbônico. As árvores inspiram gás carbônico e expiram oxigênio, há uma comunhão contínua. Estamos em harmonia. A realidade é uma unidade e, com a idéia de "mim", de "você", estamos caindo fora da realidade. Quando se estabelece uma concepção errada internamente, toda a sua visão fica de cabeça para baixo...

"Mim", depois "você" e então, como um reflexo, surge o "eu". "Eu" é a forma mais sutil, mais cristalizada de possessividade. Ao pronunciar "eu", você terá cometido um sacrilégio. Quando diz "eu", você rompe totalmente com a existência. Não rompe em termos práticos, do contrário você morreria, mas rompe com a realidade nas suas idéias. Entra em uma luta constante com a realidade. Luta contra suas próprias raízes, luta contra si mesmo.

É por isso que Buda diz: "Seja como a madeira levada pelas águas." Só é posível ser uma madeira levada pelas águas se a idéia de "eu" tiver sido eliminada, caso contrário a luta persistirá. É por isso que tudo se torna tão difícil quando você vem meditar. Quando eu digo que apenas sente em silêncio, você não consegue fazer isso – uma coisa tão simples. Pode parecer a coisa mais simples do mundo, não parece haver a menor necessidade de ensinar isso. Basta sentar e ficar parado. Mas você não consegue sentar porque o "eu" não lhe permite um momento de relaxamento. Se puder ter um momento de relaxamento, você será capaz de ver a realidade e, após conhecer a realidade, o "eu" terá de ser eliminado. Ele não pode continuar. Por isso o "eu" nunca lhe dá férias. Mesmo que você vá para as montanhas, para uma pousada, o "eu" jamais lhe dará férias, nem mesmo ali. Você leva o seu rádio, a sua televisão; leva todos os seus problemas e continua ocupado. Você foi lá para relaxar mas continua vivendo do mesmo jeito. Você não relaxa.

O "eu" não pode relaxar, ele só existe através de tensões. Cria novas tensões, cria novas preocupações: está sempre fabricando novos problemas, não lhe permitindo nenhum descanso. Basta um minuto de descanso e as paredes do "eu" começam a desmoronar, porque a realidade é bonita e o "eu" é tão feio.

Você permanece lutando sem necessidade. Você luta por coisas que vão acontecer naturalmente. Essa luta é desnecessária. Você deseja coisas que serão suas se não desejá-las. Na verdade, ao desejá-las, você as perde.

É por isso que Buda diz: "Flutue com a correnteza. Deixe-se levar para o oceano."

"Meu", "mim", "você", "eu" – essa é a armadilha. E essa armadilha gera sofrimento, neurose, loucura.

Agora o problema é: a criança tem que passar por isso, porque não sabe quem ela é e precisa de algum tipo de identidade – talvez uma falsa identidade, mas isso ainda é melhor do que nenhuma identidade. Ela precisa de alguma identidade. Precisa saber quem exatamente ela é, portanto cria-se um falso centro. O "eu" não é o seu verdadeiro centro. É um falso centro – pragmático, postiço, criado por você. Não tem nada a ver com o seu verdadeiro centro.

O seu verdadeiro centro é o centro de tudo. O seu verdadeiro ego é o ego de tudo. No centro, a existência inteira é uma coisa só – assim como no sol, fonte de luz, todos os raios são uma coisa só. Quanto mais longe eles forem, mais distantes estarão um do outro.

O seu centro verdadeiro não é só o seu centro, é o centro do todo. Mas cada um de nós cria seu pequeno centro particular, feito por nós mesmos. A criança nasce sem nenhum limite, sem idéia de quem ela é, por isso criar um centro é uma necessidade para a sobrevivência. Como ela vai sobreviver? Ela precisa de um nome, precisa ter uma idéia de quem ela é. É claro que essa idéia vem de fora: disseram que você é bonito, disseram que é inteligente, disseram que é bem-disposto. Você vai juntando tudo o que foi dito pelas pessoas.

Com base nisso, você forma uma certa imagem. Você nunca olha para si mesmo, observando quem realmente é. A imagem que foi criada é falsa, porque ninguém pode saber quem você é, ninguém pode dizer quem você é. A sua realidade interior não está disponível para ninguém a não ser você mesmo. A sua realidade interior é impenetrável para quem quer que seja a não ser você mesmo. Só *você* pode ocupar o seu próprio lugar.

No dia em que você perceber que a sua identidade é falsa, resultado de uma colagem de impressões coletadas de outras pessoas... nesse dia, pare e pense. Sente em silêncio e pense sobre quem você é. Muitas idéias irão lhe ocorrer. Simplesmente observe de onde elas vêm e você será capaz de encontrar a origem. Algumas coisas vêm da sua mãe – muitas coisas, cerca de 80% a 90%. Uma parte vem do seu pai, outra parte dos seus professores, outra ainda dos seus amigos e uma última parte vem da sociedade. Apenas observe: você será capaz de discriminar de onde elas vêm. Nada vem de você, nem mesmo 1% do que você é. Que tipo de identidade é essa, para a qual você não contribuiu com nada? E você é a única pessoa que poderia ter contribuído, na verdade, com os 100%.

No dia em que você entender isso, a religião ganhará importância. No dia em perceber isso, você começará a buscar alguma técnica, algum método para compreender o seu ser: para saber exatamente, realmente, existencialmente quem você é. Não mais irá recorrer a coleções de imagens do exterior, não mais irá pedir aos outros para refletir a sua realidade. Você vai encará-la diretamente, imediatamente, vai compreender a sua natureza, senti-la de perto. Qual a necessidade de perguntar às outras pessoas? E a quem você está perguntando? As pessoas são tão ignorantes sobre si mesmas quanto você é sobre si mesmo. Elas não conhecem nem a si mesmas, como poderiam conhecer você?

Veja como as coisas funcionam, como têm funcionado, como continuam a acontecer: uma mentira leva a outra mentira. É como se você fosse enganado e trapaceado. Você é iludido e as pessoas que o enganaram podem não tê-lo feito conscientemente. Elas podem ter sido enganadas pelos outros. O seu pai, a sua mãe, os seus professores, todos foram enganados pelos outros – os próprios pais, mães, professores. Eles, por sua vez, o enganaram. Você vai fazer o mesmo com os seus filhos?

Em um mundo melhor, onde as pessoas sejam mais inteligentes, mais perceptivas, ensinarão à criança que a idéia de identidade é falsa: "Isso é necessário, estamos lhe dando isso só por algum tempo, antes que você mesmo descubra quem é."

Essa não será a sua realidade. E quanto mais cedo você descobrir quem é, melhor. Quanto mais cedo eliminar essa idéia, melhor, porque a partir desse exato momento você nascerá realmente e será realmente verdadeiro e autêntico. Você se tornará um indivíduo.

As idéias que reunimos com a ajuda dos outros nos dão uma personalidade enquanto o conhecimento que adquirimos a partir de dentro nos dá individualidade. A personalidade é falsa, a individualidade é verdadeira. A personalidade é tomada emprestada; a realidade, a individualidade, a sua autenticidade nunca podem ser tomadas emprestadas. Ninguém pode dizer quem você é.

Há pelo menos uma coisa que não pode ser feita por ninguém mais – dar-lhe a resposta sobre quem você é. É você quem precisa tomar uma decisão, é você quem precisa escavar profundamente no seu próprio ser. Camadas e camadas de identidade, falsa identidade, têm de ser quebradas. O medo surge quando se entra em si mesmo porque sobrevém o caos. Fosse como fosse, você se virava com a sua falsa identidade. Era uma coisa que já estava resolvida. Você sabe que o seu nome é esse ou aquele; possui certas credenciais, certificados, diplomas de universidades, de faculdades, prestígio, dinheiro, herança. Tem certos instrumentos com que se definir. Você tem uma certa definição – por pior que ela funcione, está presente. Mergulhar em si mesmo significa eliminar essa definição que funciona... e aí vem o caos.

Antes de chegar ao seu centro, você terá de atravessar um estado muito caótico. É por isso que aparece o medo. Ninguém quer ir fundo em si mesmo. As pessoas continuam repetindo: "Conhece-te a ti mesmo"; escutamos, mas nunca damos ouvidos. Nunca nos preocupamos com isso. Existe uma determinada idéia na mente de que o caos reinará e você estará perdido, será engolfado por ele. Por causa do medo do caos, continuamos agarrados a tudo o que vem do exterior. Mas assim desperdiçamos a nossa vida.

A mente tagarela

A segunda dificuldade no caminho da meditação é a sua mente tagarelando o tempo todo. Você não pode parar um só instante e a mente desanda a tagarelar: pensamentos vão e vêm, pertinentes, irrelevantes, significativos, incompreensíveis. É um trânsito constante, sempre no horário do rush.

Você vê uma flor e verbaliza isso. Vê um homem atravessando a rua e verbaliza isso. A mente é capaz de traduzir qualquer coisa que existe em palavras, tudo é convertido em palavras. Essas palavras criam uma barreira, elas se tornam uma prisão. Esse fluxo constante no sentido da conversão das coisas em palavras, da existência em palavras, é a barreira. É um obstáculo à mente que medita.

Portanto, a primeira exigência para evoluir na meditação é perceber essa verbalização constante e conseguir detê-la. Procure simplesmente *ver* as coisas, não verbalize. Perceba a presença das coisas sem convertê-las em palavras.

Deixe as coisas existirem sem uma linguagem, deixe as pessoas existirem sem uma linguagem. Deixe as situações transcorrerem sem usar a linguagem. Não é impossível, isso é natural e possível. A situação existente hoje é artificial, é uma situação criada, mas nos tornamos tão acostumados a ela, tornou-se tão mecânica, que nem nos damos conta da conversão, da tradução da nossa vivência em *palavras*.

O nascer do sol está lá. Você nunca percebe a distância entre ver o nascer do sol e verbalizá-lo. Você vê o sol e imediatamente o verbaliza. O intervalo entre ver e verbalizar desaparece, ele nunca é sentido. Precisamos passar a perceber esse intervalo, essa lacuna. Devemos estar perceptivos de que o amanhecer não é uma palavra. É um fato, uma presença, uma situação. A mente converte automaticamente as nossas sensações em palavras. Essas palavras são acumuladas e então se colocam entre a existência (o existencial) e a inconsciência.

Meditação significa viver sem palavras, viver não lingüisticamente. Então essas recordações empilhadas, essas memórias lingüísticas, tornam-se obstáculos ao crescimento na meditação. Meditação significa viver sem palavras, viver em uma conjuntura não lingüística. Às vezes isso acontece espontaneamente. Acontece, por exemplo, quando se está apaixonado. Se estiver realmente apaixonado, você é capaz de sentir a presença da pessoa – não a linguagem. Sempre que dois amantes são íntimos um do outro, eles ficam calados. Não significa que não haja nada a expressar: pelo contrário, há uma infinidade de coisas a serem ditas. Mas as palavras nunca vêm, não conseguimos encontrá-las. Elas só aparecem quando o amor acaba.

Se dois amantes nunca se calam, se estiverem sempre falando, é sinal de que o amor morreu e eles estão preenchendo a lacuna com palavras. Quando o amor está vivo, as palavras não ocorrem, porque a própria existência do amor é tão esmagadora, tão penetrante, que a barreira da linguagem e das palavras é transposta. E normalmente ela só é transposta quando estamos apaixonados.

A meditação é o ápice do amor: não o amor por uma única pessoa, mas o amor pela existência como um todo. Para mim, a meditação é um relacionamento vivo com toda a existência que nos cerca. Se você for capaz de se apaixonar por qualquer situação, então estará praticando a meditação.

A sociedade lhe dá uma linguagem, ela não pode existir sem uma linguagem; ela precisa da linguagem. Mas a vida não precisa de uma linguagem. Não estou dizendo que você deva existir sem linguagem. Você terá de usar uma linguagem, mas o mecanismo de verbalização deve ser um mecanismo que possa ser ligado e desligado. Para se viver como um ser social, o mecanismo da linguagem é necessário. Sem ele, é impossível viver em sociedade. Mas, para se estar só com a existência, o mecanismo deve ser desligado, você deve ser capaz de desligá-lo. Se não for capaz de desligá-lo, isso significa que o mecanismo enlouqueceu. Se não for capaz desligá-lo, se ele continuar sempre ligado, então o mecanismo o dominou. Você se tornou um escravo dele. A mente deve ser um instrumento, não o senhor. Mas, nesse caso, ela se tornou o senhor.

Quando a mente é o senhor, o que existe é um estado não contemplativo. Se você for o senhor, a sua consciência será o senhor e então haverá um estado contemplativo. Portanto, meditação significa ser o senhor do mecanismo, tornar-se o senhor do mecanismo.

A mente e seu funcionamento lingüístico não são o ápice. Você está além dela e a existência está além dela. A consciência está além da lingüística, assim como a existência. Quando a consciência e a existência são uma coisa só, elas estão em comunhão. Esse estado é chamado de meditação. A comunhão entre a consciência e a existência é a meditação.

Devemos nos livrar da linguagem. Não estou dizendo que você tenha que deixá-la de lado, que precise reprimi-la ou eliminá-la. O que eu quero dizer é que alguma coisa que era necessária para a vida em sociedade tornou-se um hábito permanente para você e não tem que ser assim.

Quando você anda, deve movimentar as suas pernas, mas não precisa movê-las quando está sentado. Se as suas pernas continuarem a se mover quando estiver sentado, então você está louco, suas pernas ficaram malucas. Você deve poder pará-las. Da mesma maneira, quando não está falando com ninguém, não precisa usar a linguagem. Ela é um instrumento da fala, uma técnica para se comunicar; quando você se comunica alguma coisa, deve usar a linguagem, mas se não está se comunicando com ninguém, ela não é necessária.

Se você for capaz de fazer isso – o que é possível, contanto que você entenda –, então pode evoluir na meditação. Eu digo que você pode "evoluir" porque os processos na vida são sempre de evolução. A meditação também é um processo de evolução, não uma técnica. Uma técnica é algo morto, que pode ser acrescentado a você. Um processo é algo vivo, ele evolui, se expande.

A linguagem é necessária, mas nem sempre você deve se ater a ela. Deve haver momentos em que você é existencial e não verbaliza nada. Quando você está apenas existindo, não quer dizer que esteja vegetando – a consciência está presente e é mais aguda, mais viva, porque a linguagem entorpece a consciência. A linguagem tende a ser repetitiva, mas a existência nunca é repetitiva. Portanto, a linguagem produz tédio. Quanto mais importante for a linguagem para você, mais lingüisticamente orientada é a mente – e mais você ficará entediado. A linguagem é uma repetição; a existência, não.

Ao ver uma rosa, você nunca estará diante de uma repetição. É sempre uma rosa nova, inteiramente nova. Ela nunca foi e nunca será a mesma novamente. Pela primeira e última vez, ela está presente à sua frente.

Mas quando dizemos "isto é uma rosa", a palavra "rosa" é uma repetição: ela sempre existiu e sempre existirá. Você matou o novo com uma palavra velha.

A existência é sempre jovem e a linguagem é sempre velha. Pela linguagem você escapa da existência, pela linguagem você foge da vida, porque a linguagem está morta. Quanto mais envolvido você está com a linguagem, mais enfraquecido será por ela. Uma pessoa erudita é extremamente mortal porque é apenas linguagem, palavras e nada mais. Sartre escreveu a sua autobiografia. Ele a intitulou *Palavras*.

Meditação significa viver, viver totalmente, e você só pode viver totalmente quando está silencioso. Para mim, ser silencioso não significa estar inconsciente. Você pode ser silencioso e inconsciente, mas isso não seria um silêncio vivo – novamente teria perdido o rumo.

Então, o que fazer? A pergunta é pertinente. Observe – não tente parar. Não há necessidade de fazer qualquer ação contra a mente. Em primeiro lugar, quem faria isso? Seria a mente lutando contra ela própria. Seria dividir a sua mente em duas: uma tentando dominar, tentando matar a outra parte de si mesma, o que é absurdo, é um jogo tolo. Isso pode levá-lo à loucura. Não experimente deter a mente ou o pensamento – apenas observe, deixe acontecer. Deixe acontecer em total liberdade. Deixe correr tão rápido quanto for preciso. Não tente controlar de maneira nenhuma. Seja apenas uma testemunha. Isso é lindo!

A mente é um dos mecanismos mais lindos. A ciência ainda não conseguiu criar nada parecido com a mente. A mente continua sendo uma obra-prima – tão complicada, tão imensamente eficaz, com tantas potencialidades. Observe! Aprecie!

E não observe como um inimigo, porque, se você parecer um inimigo para a mente, não conseguirá observar. Será preconceituoso, será contra. Já terá decidido que alguma coisa está errada com a mente. E toda vez que você vê alguém como um inimigo, não consegue observá-lo a fundo, nunca olha essa pessoa nos olhos.

Observar a mente significa olhá-la com amor profundo, com respeito profundo, com reverência – é o presente de Deus para você! Não há nada de errado com a mente em si. Não há nada de errado com o pensamento. É um processo bonito como qualquer outro. As nuvens passando no céu são bonitas – por que não os pensamentos passando no seu céu interior? As flores que crescem nas árvores são bonitas – por que não os pensamentos florescendo no seu ser? O rio que corre para o mar é bonito – por que não o fluxo de pensamentos correndo de algum lugar para um destino desconhecido? Não é bonito?

Olhe com profunda reverência. Não seja um adversário, seja um amante. Observe os tons sutis da mente; as reviravoltas súbitas, as reviravoltas bonitas; os saltos repentinos; os jogos em que ela se envolve; os sonhos que ela tece – a imaginação, a memória, as mil e uma projeções que ela cria. *Observe!* Olhando para ela, indiferente, distante, sem se envolver, pouco a pouco você começará a sentir...

À medida que a sua vigilância se aprofundar, a sua consciência se aprofundará. As lacunas e os intervalos começarão a surgir. Um pensamento passou, o próximo ainda não veio: há um intervalo. Uma nuvem passou, a outra ainda está vindo; há um intervalo.

Pela primeira vez, nesses intervalos, você terá vislumbres da não-mente, sentirá o gosto da não-mente. Chame a isso o sabor do Zen, do Tao ou da ioga. De repente, nesses pequenos intervalos, o céu estará claro e o sol brilhando. De repente o mundo estará cheio de mistério porque todas as barreiras foram superadas. O véu sobre seus olhos não está mais presente. Você vê com clareza, vê profundamente: a vida inteira fica transparente.

No princípio, esses serão momentos raros. Haverá poucos deles e estarão espaçados. Mas lhe darão um vislumbre do que é *samadhi*. Pequenos lagos de silêncio – eles virão e desaparecerão. Mas agora você sabe que está no caminho certo – então você volta a observar.

Quando um pensamento passa, você observa; quando um intervalo passa, você observa. As nuvens são lindas; o sol também é lindo. Agora você não escolhe mais. Já não tem a mente fixa, já não diz: "Eu queria só os intervalos." Isso é burrice, porque, se ficar preso desejando apenas os intervalos, terá decidido outra vez contra o pensamento. E então esses intervalos desaparecerão. Eles só *acontecem* quando você está muito distante, afastado. Eles acontecem, não podem ser provocados. Eles acontecem, não se pode forçá-los a acontecer. São acontecimentos espontâneos.

Continue a observar. Deixe os pensamentos fluírem – aonde quer que eles queiram ir –, não há nada de errado! Não tente manipular, não tente dirigir; deixe os pensamentos passarem em total liberdade. E então ocorrerão intervalos maiores. Você será abençoado com pequenos *satoris, mini-satoris*. Às vezes alguns minutos passam sem que ocorra um pensamento. Não há trânsito algum, apenas um silêncio total, imperturbável.

Quando os maiores intervalos ocorrerem, você terá uma nova clareza: poderá ver o mundo interior. Com os primeiros intervalos, você verá o mundo: as árvores parecerão mais verdes do que antes. Você se sentirá envolvido por uma música infinita, a música das esferas. Estará subitamente na presença de Deus – inefável, misterioso, tocando-o, embora você não possa alcançá-Lo. Ele estará ao seu alcance e, ainda assim, além Dele. Com os intervalos maiores, o mesmo acontecerá internamente. Você vai se surpreender ao perceber, de repente, que Deus não só estará fora, mas também dentro. Ele está não apenas no que é visto como também está naquele que vê: dentro e fora. Mas não se prenda a isso tampouco.

O apego é o alimento para a mente continuar. O testemunho sem apego é a maneira de detê-la sem fazer nenhum esforço para isso. E, quando você começar a apreciar esses momentos de êxtase, poderá retê-los por períodos mais longos.

Eventualmente, um dia, você se torna o senhor. Então, quando quiser pensar, pensará; se os pensamentos forem necessários, você os usará; se não forem, você os deixará descansando. Não que a mente não esteja mais presente – a mente existe, mas você pode usá-la ou não – a decisão é sua. É como as pernas: se quiser correr, use-as; se não quiser correr, apenas descanse – as pernas continuarão ali. Da mesma maneira, a mente estará sempre ali.

A não-mente não é contrária à mente; a não-mente está além da mente. A não-mente não se origina da eliminação e destruição da mente; a não-mente aparece depois que você tenha entendido tão bem a mente que deixe de ser necessário pensar. A sua compreensão substituiu a mente.

FALSOS MÉTODOS

Meditação não é concentração

As meditações podem estar erradas. Por exemplo, qualquer meditação que leve você a uma concentração profunda está errada. Você ficará cada vez mais fechado, em vez de se abrir. Se estreitar a sua consciência, concentrar-se em algo e excluir o todo da existência, focando em uma única coisa, isso só irá criar mais tensão. Daí a palavra "atenção". Nesse contexto ela significa "a-tensão". O próprio sentido da palavra concentração passa uma idéia de tensão.

A concentração tem os seus usos, mas não é o mesmo que meditação. No trabalho científico, na pesquisa científica, no laboratório, você precisa de concentração. Precisa se concentrar em uma questão e excluir todo o resto, a ponto de mal se dar conta do mundo fora do seu campo de interesse. O seu mundo é exclusivamente a questão em que você está concentrado. É por isso que os cientistas se tornam pessoas ausentes, distantes. As pessoas que se concentram muito acabam se tornando distantes porque não sabem permanecer abertas ao mundo como um todo.

Outro dia eu li uma anedota.

– Eu trouxe uma rã que acabei de coletar da lagoa – disse o cientista, professor de zoologia, sorrindo para sua turma. – Primeiro vamos estudar a aparência externa dela e depois dissecá-la.

O professor desembrulhou cuidadosamente o pacote que trazia

e dentro havia um sanduíche de presunto muito bem preparado. O professor olhou para o sanduíche com surpresa.

– Estranho! – exclamou. – Eu me lembro claramente de ter comido o meu almoço.

Isso costuma acontecer com os cientistas. Eles se tornam introvertidos por terem o costume de se concentrar, de estreitar a mente. É claro que estreitar a mente tem o seu proveito: ela se torna mais penetrante, fica afiada como uma agulha; ela atinge exatamente o ponto desejado, mas perde toda a vida que a rodeia.

O Buda não é um homem de concentração, é um homem de percepção. Ele não tenta estreitar a consciência – pelo contrário, tenta eliminar todas as barreiras para ficar inteiramente disponível para a existência. Observe... A existência é simultânea. Enquanto falo, o ruído do trânsito pode ser ouvido. O trem, os pássaros, o vento que sopra entre as árvores – neste momento converge o todo da existência. Você me escuta, eu falo com você e milhões de coisas estão acontecendo – isso é imensamente enriquecedor.

A concentração torna você focado a um custo muito grande: 90% da vida é descartada. Se estiver resolvendo um problema matemático, não pode escutar os pássaros, pois será uma distração. As crianças que brincam por perto, os cachorros latindo na rua, tudo será uma distração. Por causa da concentração, as pessoas tentam fugir da vida: sobem o Himalaia, refugiam-se em uma caverna, permanecem isoladas para poder se concentrar em Deus. Mas Deus não é um objeto, Deus é esse todo, o conjunto da existência, este momento. Deus é a totalidade. É por isso que a ciência jamais poderá conhecer Deus. O método básico da ciência é a concentração e, por causa desse método, a ciência nunca chegará a conhecer Deus.

Então, o que fazer? Repetir um mantra, ao fazer a meditação transcendental, não vai ajudar. A meditação transcendental tornou-se muito importante nos Estados Unidos por causa da visão objetiva, por causa da mente científica – é a única meditação em que o trabalho científico pode ser feito. É exatamente concentração e não meditação, portanto é compreensível para mentes científicas. Nas universidades, nos laboratórios científicos, em trabalhos de pesquisa psicológica, muito se tem estudado a meditação transcendental, porque ela não é uma meditação. É um método de concentração. Ela pode ser classificada na mesma categoria da concentração científica: há uma ligação entre as duas. Mas não tem nada a ver com meditação.

A meditação é tão vasta, tão imensamente infinita, que não possibilita nenhum tipo de pesquisa científica. Só se um homem *se tornar* compaixão poderemos saber se ele conseguiu ou não. As ondas alfa não serão de muita ajuda porque elas pertencem à mente e a meditação não é da mente, é alguma coisa além.

Portanto, deixe-me dizer algumas coisas básicas. Em primeiro lugar, meditação não é concentração, mas relaxamento – basta relaxar dentro de si mesmo. Quanto mais você relaxa, mais se sente aberto, vulnerável, e menos rígido. Você fica mais flexível e, de repente, a existência começa a penetrar em você. Você não é mais como uma pedra, agora tem aberturas.

Relaxamento significa permitir-se entrar em um estado em que não se faz nada, porque, se algo estiver sendo feito, a tensão continuará. É um estado de não-fazer: simplesmente relaxar e apreciar a sensação de relaxamento. Relaxe sozinho, feche os olhos e escute tudo o que está acontecendo ao seu redor. Não procure sentir nada como uma distração. No momento em que você sentir que algo é uma distração, estará negando Deus.

Nesse momento Deus veio a você como um pássaro – não o negue. Ele bateu à sua porta como um pássaro. No momento seguinte veio como um cachorro latindo, ou como uma criança chorando e se lamentando, ou como um louco rindo. Não negue, não rejeite: aceite, porque, se você negar, ficará tenso. Todas as negações criam tensão, por isso aceite. Se quiser relaxar, a única maneira é aceitar. Aceite tudo o que está acontecendo ao seu redor, deixe que se torne um todo orgânico. Tudo está relacionado, quer você saiba disso ou não. Esses pássaros, essas árvores, esse céu, esse sol, essa terra, você, eu – tudo está relacionado. É uma unidade orgânica.

Se o sol desaparecer, as árvores desaparecerão; se as árvores desaparecerem, os pássaros desaparecerão; se os pássaros e as árvores desaparecerem, você não poderá estar aqui. É a ecologia. Tudo está profundamente relacionado entre si.

Portanto, não negue nada, porque, no momento em que negar, estará negando alguma coisa em si mesmo. Se negar esses pássaros cantando, então alguma coisa em você também será negada.

Quando você relaxa, aceita; a aceitação da existência é a única maneira de relaxar. Se as coisas pequenas o perturbam, então é a sua atitude que o está perturbando. Sente em silêncio; escute tudo o que está acontecendo ao seu redor e relaxe. Aceite, relaxe e de repente sentirá a imensa energia que surge dentro de você.

E quando eu digo observe, não *tente observar*, caso contrário ficará tenso novamente e começará a se concentrar. Relaxe, permaneça relaxado, com o corpo solto, e olhe... O que mais pode fazer? Você está aí, não há nada a fazer, tudo foi aceito, não há nada a ser negado, rejeitado. Não há luta, briga ou conflito. Você simplesmente observa. Lembre-se: apenas observe.

Meditação não é introspecção

Introspecção é pensar sobre si mesmo. A autopercepção é não pensar nada: é tornar-se perceptivo de si mesmo. A diferença é sutil, mas muito grande.

A psicologia ocidental insiste na introspecção e a psicologia oriental prega a autopercepção. Quando você pratica a introspecção, o que faz? Por exemplo, você está com raiva, então começa a pensar na raiva e naquilo que a está causando. Começa a analisar suas causas. Começa a julgar se ela é boa ou má. Começa a racionalizar, concluindo que ficou com raiva por causa de uma situação específica. Você reflete sobre a raiva e a analisa, mas o foco da sua atenção é a raiva, não o eu. Você se concentra nela: você observa, analisa, faz associações, pensa a respeito, tenta entender como evitá-la, como se livrar dela, como não repetir o erro. Esse é um processo de raciocínio. A raiva lhe parece "má" porque é destrutiva. Você até faz um voto: "Não cometerei o mesmo erro novamente." A intenção é controlar a raiva por meio da vontade. É por isso que a psicologia ocidental se tornou analítica: análise, dissecação.

A psicologia oriental diz: "Seja perceptivo. Não tente analisar a raiva, não há necessidade. Observe-a, mas observe-a com percepção. Não comece a pensar." Na verdade, se você começar a pensar, o pensamento se torna uma barreira que o impede de observar a raiva. Então o pensamento vai encobri-la, ele será como uma nuvem envolvendo-a: ela perde a clareza. Não pense. Permaneça em um estado de não-pensar e *olhe*.

Quando não houver sinal de pensamento entre você e a raiva, você estará de frente para ela. Não a disseque. Não se preocupe em chegar à origem dela, porque a origem está no passado. Não a julgue, porque, no momento em que julgá-la, o pensamento começa. Não faça nenhum voto do tipo: "Não vou mais fazer isso", porque esse voto o direciona para o futuro. Na percepção, você fica junto com o sentimento da raiva, exatamente aqui e agora. Você não está interessado em mudá-la, não está interessado em pensar sobre ela – está interessado em olhar diretamente para ela, cara a cara, de imediato. Isso é autopercepção.

Aí está a beleza disso: se for capaz de olhar para a raiva, ela desaparece. Não desaparece só naquele momento: o próprio desaparecimento dela por meio de seu olhar intenso lhe dá a chave – não há necessidade de usar a vontade, não há necessidade de tomar nenhuma decisão para o futuro, nem há necessidade de procurar a fonte original de onde vem a raiva. Isso é desnecessário. Agora você tem a chave: olhe para a raiva e a raiva desaparece. Esse olhar estará disponível para sempre. Sempre que a raiva aparecer, você poderá olhar e seu olhar ficará cada vez mais intenso.

Esse olhar tem três etapas. Primeiro, quando a raiva já aconteceu e passou, como se você observasse uma cauda desaparecendo – um elefante passou, só a cauda ficou. Quando a raiva estava presente, você estava tão profundamente envolvido por ela que não pôde estar realmente perceptivo. Quando a raiva quase desapareceu, só restou 1% dela, a última parte, que está desaparecendo no horizonte distante, então você se torna perceptivo. Esse é o primeiro estado da percepção. É bom, mas não é o bastante. O segundo estado é aquele em que o elefante todo está presente, não só a cauda – quando a situação está toda presente. Sua raiva está no auge, fervendo, ardendo, e então você se torna perceptivo.

Ainda resta uma terceira etapa: a raiva não apareceu, ela está vindo – agora não é mais a cauda, mas a cabeça. Ela está acabando de entrar na sua zona de consciência e você a percebe, então o elefante nunca se materializa. Você matou o animal antes que ele nascesse. Isso é controle da natalidade! O fenômeno não acontece, então não deixa rastro.

ARMADILHAS DA MENTE

Não se engane com as experiências

Todas as vivências são apenas armadilhas da mente, todas as sensações são apenas fugas. A meditação não é uma experiência, é uma compreensão. A meditação não é uma experiência: ao contrário, é a interrupção de todas as experiências.

Uma experiência é algo que ocorre fora de você. O "experienciador" é o seu ser. Esta é a distinção entre a verdadeira e a falsa espiritualidade: se você estiver buscando experiências, a espiritualidade é falsa; se estiver buscando o "experienciador", então ela é verdadeira. Nesse caso, você não está preocupado com a Kundalini, não está interessado em chakras, não está interessado em nada disso. Elas acontecem, mas você não está preocupado, não está interessado e não seguirá por esses atalhos. Continuará seguindo em direção ao seu centro interior, onde nada permanece a não ser você, em total solidão. Só a consciência permanece, sem conteúdo.

O conteúdo é a experiência: tudo o que você sente ou vivencia é o conteúdo. Eu sinto tristeza, então a tristeza é o conteúdo da minha consciência. Sinto prazer, então o prazer é o conteúdo. Sinto tédio, então o tédio é o conteúdo. Você pode experienciar o silêncio, então o silêncio é o conteúdo. Pode se sentir em êxtase, então o êxtase é o conteúdo. Você sempre muda o conteúdo – pode ir mudando *ad infinitum* –, mas isso não é a coisa mais verdadeira.

O que é verdadeiro é aquele a quem ocorrem essas experiências – aquele a quem o tédio ocorre, a quem o êxtase ocorre.

A busca espiritual não é *o que* acontece, mas *a quem* acontece. Dessa forma, não é possível que o ego apareça.

A mente pode reaparecer

Às vezes, na meditação, você sente uma espécie de vazio que não é real. Eu o chamo simplesmente de "um tipo de vazio". Quando você está meditando, em determinados momentos, por alguns segundos, parece que o processo do pensamento parou. No princípio ocorrerão essas lacunas. Mas como você está sentindo que o processo do pensamento parou, é novamente um processo de pensamento, um processo muito sutil. O que você está fazendo? Está se dizendo, internamente: "O processo de pensamento parou." Mas o que é isso? Esse é um processo de pensamento secundário que começou. Então você diz: "Isso é o vazio", ou diz: "Agora vai acontecer alguma coisa". O que é isso? Um novo processo de pensamento começou.

Quando isso acontecer de novo, não se torne a sua própria vítima. Quando sentir que um silêncio está surgindo, não comece a verbalizá-lo, porque você o estará destruindo. Espere – não por alguma coisa, apenas espere. Não faça nada. Não diga: "Isso é o vazio." No momento em que disser isso, você o terá destruído. Apenas olhe para esse vazio, mergulhe nele, sinta-o – mas espere, não verbalize. Para que ter pressa? Por meio da verbalização a mente encontrou outro caminho para entrar e você foi enganado. Fique atento a essa armadilha da mente.

No princípio há uma certa tendência a acontecer isso, portanto, sempre que acontecer, espere. Não caia na armadilha. Não diga nada, permaneça calado. Então você entrará no vazio e não será temporário, porque, assim que conhecer o verdadeiro vazio, não irá mais perdê-lo. O verdadeiro vazio não pode ser perdido, essa é a principal característica dele. Assim que você conhecer o tesouro interior, assim que entrar em contato com o seu centro mais profundo, poderá mover-se em diversas atividades, poderá fazer o que quiser, poderá viver uma vida mundana comum, mas o vazio permanecerá aí dentro. Você não poderá esquecê-lo. Você ouvirá o seu som. O que quer que esteja fazendo, a atividade será só na periferia – dentro, você permanecerá vazio.

A mente pode enganá-lo

Existem padrões que podem confundir aquele que procura.

A primeira coisa é: a maioria daqueles que procuram se perde em uma sensação ilusória de que chegaram aonde queriam chegar. É como naqueles sonhos em que você pensa que está acordado. Você ainda está sonhando – a sensação de estar acordado faz parte do sonho. O mesmo tipo de coisa acontece àquele que procura.

A mente é capaz de criar a ilusão de que "não há mais para onde ir, você chegou". A mente é enganadora e a função do mestre numa situação dessas é alertar a pessoa de que essa não é a realidade, mas apenas um sonho, e que ela não chegou.

Isso pode acontecer em muitos momentos e se repete diversas vezes. A pessoa pode ficar muito irritada com o mestre pela simples razão de que toda vez que sente que conseguiu o mestre vem e a coloca novamente no seu estado de ignorante.

Por exemplo, isso acontecia sempre com um discípulo alemão – ele tinha a sensação de que se tornara um iluminado. E a força da ilusão era tanta que ele não conseguia guardar a experiência para si mesmo, precisava contá-la aos outros.

Ele tinha *muita* certeza. Isso aconteceu três vezes e, por causa da certeza que ele tinha, foi à Índia para receber as minhas bênçãos.

Toda vez que ele me procurava, eu lhe dizia:

– Você está sendo enganado pela sua própria mente. Não lhe aconteceu nada, você continua sendo o mesmo homem. O novo homem ainda não chegou. E tudo o que está fazendo – escrevendo cartas às Nações Unidas, aos outros governos –, tudo isso são expressões do ego. Você está muito preso ao ego.

É muito fácil viver um sonho bonito, ao passo que é difícil ver os seus sonhos despedaçados pela realidade.

Nas antigas escrituras do Oriente, isso se chama o poder de *maya*. A mente tem o poder hipnótico de criar qualquer ilusão. Se você busca uma determinada coisa desesperadamente, uma das funções da mente é a de criar a ilusão para deter o seu desespero. Acontece diariamente a todo mundo nos sonhos, mas as pessoas não aprendem.

Se à noite você for para a cama com fome, provavelmente vai ter um sonho em que saboreia uma refeição deliciosa. A mente tenta ajudá-lo, de modo que o seu sono não seja perturbado; do contrário, você sentiria fome e acabaria acordando. A mente lhe oferece um sonho em que você está comendo uma comida deliciosa, o que satisfaz a sua mente. A fome permanece, mas o sono não é perturbado. A fome foi encoberta pela ilusão do sonho, que serve para proteger o seu sono.

Durante o sono, você sente que a sua bexiga está cheia. Se a mente não criar o sonho de que você foi ao banheiro, voltou e foi dormir novamente, então o seu sono será perturbado – e o sono é uma grande necessidade para o corpo. A mente cuida o tempo todo para que você não seja perturbado, para que possa ter uma longa noite de sono, descansar, e pela manhã se sentir rejuvenescido.

Essa é a função básica da mente. Num plano superior acontece a mesma coisa. De um lado, você tem um sono comum e um despertar comum de que a mente cuida. De outro, um sono extraordinário e um despertar extraordinário, mas a mente é programada – sua natureza é mecânica. Ela faz o seu trabalho sem se preocupar, porque não tem como verificar se aquele é um sono comum ou um sono espiritual, um despertar comum ou um despertar espiritual.

Para a mente, é tudo a mesma coisa. A função dela é manter o seu sono intacto e criar uma barreira para qualquer coisa que o perturbe. Se você sente fome, ela lhe dá comida; se está desesperadamente à procura da verdade, ela lhe dá a verdade, lhe dá a iluminação. Peça alguma coisa e a mente estará pronta para lhe dar. Ela é capaz de criar a ilusão do verdadeiro – este é o seu poder intrínseco.

PARTE 5

RESPOSTAS ÀS PERGUNTAS SOBRE MEDITAÇÃO

Só uma testemunha pode realmente dançar

Você vive dizendo que devemos "ser perceptivos", devemos "ser uma testemunha". Mas uma consciência que testemunha pode realmente cantar, dançar e curtir a vida? Essa "testemunha" não será um mero espectador da vida, e nunca um participante?

A mente tende a fazer essa pergunta mais cedo ou mais tarde, porque ela tem muito medo que *você* se torne uma testemunha. Por que a mente tem tanto medo disso? Porque tornar-se uma testemunha significa a morte da mente. A mente é muito ativa, ela quer fazer as coisas, e testemunhar é um estado de não-fazer. A mente teme que, uma vez que você se torne uma testemunha, ela não seja mais necessária. E de certo modo ela tem razão.

Uma vez que a testemunha tenha surgido em você, a mente precisa desaparecer, da mesma maneira que, quando o seu quarto é iluminado, a escuridão *precisa* desaparecer – é inevitável. A mente só pode existir se você permanecer preso ao sono, porque a mente é um estado de sonho, e os sonhos só podem existir durante o sono.

Ao se tornar uma testemunha, você não está mais adormecido, está acordado. Você se torna uma percepção cristalina, jovem e fresca, vigorosa e potente. Torna-se uma chama intensa, queimando dos dois lados. Nesse estado de intensidade, luz, consciência, a mente morre, a mente comete suicídio.

Por isso a mente tem medo e irá criar muitos problemas. Ela vai levantar muitas dúvidas. Fará você hesitar ao dar o salto para o desconhecido, tentará fazer com que bata em retirada. Tentará convencê-lo: "Comigo você está em segurança, protegido; comigo está abrigado, bem guardado. Eu cuido de você. Comigo você é eficiente, hábil. No momento em que me deixar, terá de deixar para trás todo o seu conhecimento e toda a sua segurança, toda a sua proteção. Terá que despir a sua armadura e estará entrando no desconhecido. Estará correndo riscos desnecessários." Ela tentará fazer lindas racionalizações. Essa é uma das racionalizações que quase sempre sucedem aos que meditam.

Não é você que está fazendo a pergunta: é a mente, o seu inimigo. É a mente quem fala: "Você nos diz sempre que devemos 'ser perceptivos', devemos 'ser uma testemunha'. Mas uma consciência que testemunha pode realmente cantar, dançar e curtir a vida?"

Sim! Na verdade, *apenas* uma consciência que testemunha pode realmente cantar, dançar e curtir a vida. Pode parecer um paradoxo – e é! –, mas tudo o que é verdadeiro é paradoxal. Lembre-se: se uma verdade não for paradoxal, então não será verdade alguma, será outra coisa.

O paradoxo é um atributo básico, intrínseco à verdade. Isso deve ficar marcado no seu coração: a verdade como tal é paradoxal. Embora nem todos os paradoxos sejam verdadeiros, todas as verdades são paradoxais. A verdade tem de ser um paradoxo porque tem ambos os pólos, o negativo e o positivo, e ainda uma transcendência. Precisa ser vida e morte e *mais além*. Por "mais além" eu quero dizer a transcendência de ambos – ser ambos e não-ambos. Esse é o supremo paradoxo.

Quando você está na mente, como pode cantar? A mente cria a tristeza e, a partir da tristeza, não pode haver canção. Quando você está na mente, como pode dançar? Sim, pode fazer determinados gestos vazios a que chamam dança, mas não será uma dança de verdade.

Só um Meera conhece a dança de verdade, ou um Krishna, ou um Chaitanya; são esses os que conhecem a dança de verdade. Os outros conhecem apenas a técnica de dançar, mas não ocorre nada transbordante, as suas energias estão estagnadas. As pessoas que vivem na mente estão vivendo no ego e o ego não é capaz de dançar. Ele pode ter um desempenho, mas não uma dança.

A dança de verdade só acontece depois que você tiver se tornado uma testemunha. Então estará tão feliz que a própria felicidade começará a transbordar: isso é dança. A própria felicidade começa a cantar, a canção surge por conta própria. E apenas quando você se torna uma testemunha é que pode desfrutar a vida.

Eu entendo a sua pergunta. Está preocupado com o fato de que, tornando-se uma testemunha, irá tornar-se apenas um espectador da vida. Não; ser um espectador é uma coisa, e ser uma testemunha é outra coisa inteiramente diferente, qualitativamente diferente.

O espectador é indiferente: ele é sombrio, ele se encontra em uma espécie de sono. Não participa da vida, pois tem medo, é um covarde. Ele pára ao lado da estrada e fica vendo os outros viverem. É isso o que vocês fazem durante toda a sua vida: alguém atua em um filme e vocês ficam assistindo. Vocês são os espectadores! As pessoas ficam grudadas nas suas poltronas durante horas na frente da televisão – são os espectadores. Alguém está cantando e vocês ficam ouvindo. Alguém está dançando e vocês ficam olhando. Alguém está amando e vocês ficam vendo, não participam. Os profissionais fazem o que vocês deveriam ter feito por conta própria.

A testemunha não é um espectador.

Então o que é a testemunha? Testemunha é aquele que, embora participe, permanece alerta. A testemunha encontra-se no estado de *wei-wu-wei*. Esta é uma expressão de Lao Tzu; significa ação pela inação. A testemunha não é alguém que tenha fugido da vida. Ela vive na vida, vive muito mais plenamente, muito mais apaixonadamente, mas continua sendo um observador; no fundo, continua a se lembrar: "Eu sou uma consciência."

Experimente fazer isso. Caminhando pela rua, lembre-se de que é uma consciência. A caminhada prossegue, mas com um elemento novo, com um novo valor, uma nova beleza. Alguma coisa interna é acrescentada à ação exterior. Você se torna uma chama de consciência e então a caminhada adquire uma alegria inteiramente diferente: você está na terra e ainda assim os seus pés não estão tocando a terra.

Foi o que o Buda disse: atravesse o rio, mas não deixe a água tocar os seus pés.

Esse é o significado do símbolo oriental do lótus. Vocês devem ter visto as estátuas, os quadros do Buda sentado em um lótus: é uma metáfora. O lótus é uma flor que vive na água e ainda assim a água não pode tocá-la. O lótus não foge para as cavernas do Himalaia – vive na água e ainda assim permanece distante, longe. Estar no mercado mas não permitir que o mercado penetre o seu ser, viver no mundo e ainda assim não ser do mundo, é isso o que significa a "consciência que testemunha".

É o que quero dizer quando repito: "Sejam perceptivos!" Não sou contra a ação, mas a sua ação precisa ser iluminada pela percepção. Os que são contra a ação tendem a ser repressivos e qualquer repressão torna as pessoas patológicas, não inteiras, não saudáveis.

Os monges que moram nos mosteiros – católicos ou hindus, jainistas ou budistas –, que fugiram da vida, não são verdadeiros *sannyasins*. Eles simplesmente reprimiram os seus desejos e se afastaram do mundo, o mundo das ações. Como é possível ser uma testemunha se você se afastar do mundo das ações? Estar neste mundo é a melhor oportunidade de estar perceptivo. Ele lhe propõe um desafio, ele se mantém como um desafio constante. Você pode dormir e tornar-se um fazedor – então será uma pessoa do mundo, um sonhador, uma vítima das ilusões – ou tornar-se uma testemunha e ainda assim continuar a viver no mundo. Então a sua ação adquire uma característica diferente: ela é *realmente* ação. As ações dos que não estão perceptivos não são verdadeiras ações, mas reações. Eles só reagem.

Alguém o insulta e você reage. Insulte o Buda – ele não reage, ele *age*. A reação depende do outro: ele aperta um botão e você se torna apenas uma vítima, um escravo, funciona como uma máquina.

Uma pessoa *de verdade* que sabe o que é a percepção nunca reage, ela age a partir de sua própria percepção. A ação não decorre de um ato de outra pessoa; ninguém pode apertar nenhum botão daquela pessoa. Se ela sente espontaneamente que algo é a coisa certa a fazer, ela o faz. Do contrário, se acha que não é preciso fazer nada, ela permanece quieta. Ela não reprime, está sempre aberta, expressiva. A expressão dela é multidimensional: na música, na poesia, na dança, no amor, na oração, na compaixão, ela flui.

Se você não se tornar perceptivo, só lhe restam duas possibilidades: ou será repressivo ou indulgente. De ambas as formas você permanece na escravidão.

O ganso nunca esteve dentro!

Às vezes, quando o lado sombrio da minha mente emerge, ele realmente me assusta. Tenho muita dificuldade de aceitar que seja apenas o pólo oposto ao lado iluminado. Sinto-me sujo e culpado. Quero enfrentar todas as facetas da minha mente e aceitá-las porque você freqüentemente diz que a aceitação é a condição para transcender a mente. Poderia, por favor, falar sobre a aceitação?

A coisa básica a ser entendida é que você não é a mente – nem a mente iluminada nem a sombria. Se você se identifica com a parte bonita, é impossível não se identificar com a feia. Elas são como as duas faces da mesma moeda. Você pode tê-la por inteiro, ou pode lançá-la por inteiro, mas não pode dividi-la.

Toda a ansiedade dos homens vem de quererem escolher a parte da mente que lhes parece bonita e luminosa. Só querem escolher o lado brilhante, eliminando o lado das nuvens escuras. Mas não sabem que o lado prateado não consegue existir sem o lado das nuvens escuras. As nuvens são o pano de fundo absolutamente necessário para a existência do lado prateado.

Escolher significa ansiedade. Escolher é criar dificuldades para você.

Optar por não escolher significa reconhecer que a mente existe e tem um lado sombrio e um lado iluminado – e daí? O que isso tem a ver com você? Por que deveria se preocupar com isso?

No momento em que deixamos de fazer escolhas, as preocupações desaparecem. Iniciamos uma grande aceitação, sabendo que é assim que a mente deve ser, que essa é a natureza da mente. E não é problema seu, porque você não é a mente. Se você fosse a mente, não haveria problema algum, pois quem escolheria transcender? Quem tentaria aceitar e entender a aceitação?

Você está separado, inteiramente separado. Você é uma testemunha e nada mais, um observador que se identifica com qualquer coisa que ache agradável – e se esquece de que algo desagradável vem logo atrás, como uma sombra.

Você não está preocupado com o lado agradável – você se alegra com ele. O problema ocorre quando o pólo oposto se afirma; então você se divide. Mas foi você quem começou todo o problema. Deixando de ser apenas uma testemunha, você se identificou.

A história bíblica da queda é apenas uma ficção. Mas esta é a verdadeira queda: deixar de ser uma testemunha para se identificar com alguma coisa e não mais testemunhar.

Experimente fazer o seguinte: deixe a mente ser o que quer que seja. Lembre-se de que você não é a mente e terá uma grande surpresa. À medida que você se identificar menos, a mente irá tornar-se menos poderosa, porque o poder dela vem da sua identificação: ela suga o seu sangue. Mas quando você começa a ficar indiferente e distante, a mente começa a se encolher.

No dia em que você conseguir ficar totalmente não identificado em relação à mente, nem que seja por um único instante, terá uma revelação: a mente morre, ela deixa de existir. Ela existia sempre, continuamente – todos os dias, estivesse você acordado ou dormindo, ela estava sempre ali –, e de repente deixa de existir.

Você olha para todos os lados e a mente é um vazio, um nada. E junto com a mente desaparece o eu.

Então passa a existir apenas uma determinada característica da consciência, sem nenhum "eu" presente. No máximo você poderá chamá-la de algo similar a um "estado de sou", mas não "estado de eu". Para ser ainda mais exato, trata-se de um "estado de é", porque até mesmo no "estado de sou" ainda existe alguma sombra do "eu".* No momento em que você conhece o seu "estado de é", ele se torna universal. Com o desaparecimento da mente, desaparece o ego. Desaparecem também coisas que eram muito importantes, muito problemáticas. Você estava tentando resolvê-las e elas foram ficando cada vez mais complicadas: tudo se tornava um problema, uma ansiedade, e parecia não haver um modo de escapar.

Vou recordar a história *O ganso está fora*. Ela tem a ver com a mente e o seu "estado de é".

O mestre diz ao discípulo que medite sobre um enigma, um *koan*. Um filhote de ganso é posto dentro de uma garrafa, onde é alimentado e bem criado. O ganso vai crescendo, crescendo, até que preenche a garrafa. Então ele está muito grande e não consegue sair pela boca da garrafa, que é muito pequena. O *koan* é: como tirar o ganso de dentro sem quebrar a garrafa e sem matar o ganso.

Isso deixa a mente alarmada.

O que fazer? Como o ganso é muito grande, você não pode tirá-lo a menos que quebre a garrafa, mas isso não é permitido. Ou então, para tirá-lo, teria de matá-lo; nesse caso, não estaria preocupado se ele sairia vivo ou morto. Isso também não é permitido.

Todos os dias o discípulo medita, sem descobrir um jeito de tirar o ganso da garrafa. Ele tenta encontrar outra forma, mas, na verdade, não há como tirar o ganso. Cansado, inteiramente exausto, ele subitamente tem uma revelação – de repente ele entende que o mestre não pode estar interessado na garrafa ou no ganso; eles

* No original, respectivamente "*am-ness*" ("estado de sou", relativo à primeira pessoa do verbo *to be*, *am* = sou) e "*is-ness*" ("estado de é", relativo à terceira pessoa do verto *to be*, *is* = é). (N. do T.)

devem representar alguma outra coisa. A garrafa é a mente, você é o ganso... mas, com o testemunho, é possível resolver o problema. Sem estar *dentro* da mente, você pode se identificar tanto com ela que começa a ter a sensação de que *está* dentro dela!

O discípulo corre até o mestre e diz que o ganso está fora. E o mestre diz:

– Agora você entendeu. Portanto, fique do lado de fora. O ganso nunca esteve dentro.

Se você continuar quebrando a cabeça com o ganso e a garrafa, não terá como resolver o enigma. Trata-se de entender: "Esse enigma deve representar alguma coisa, do contrário o mestre não o proporia a mim. E o que pode ser?" – porque a relação entre mestre e discípulo gira em torno da mente e da percepção.

A percepção é o ganso que não está na garrafa da mente. Mas você acredita que está, e pergunta a todo mundo como é possível tirá-la de lá. Existem idiotas que vão se propor a ajudá-lo com técnicas para tirá-la de lá de dentro. Eu os chamo de idiotas porque não entenderam coisa alguma.

O ganso está *fora*, nunca esteve dentro – portanto, a questão de tirá-lo de lá nem sequer existe.

A mente é apenas um desfile de pensamentos passando à sua frente, projetados na tela do cérebro. Você é um observador. Mas você começa a se identificar com as coisas bonitas – essas são as tentações. E depois que se deixa cativar pelas coisas bonitas, também cai na malha das coisas feias, porque a mente não pode existir sem a dualidade. A percepção não pode existir com a dualidade e a mente não pode existir sem ela.

A percepção não é dualista, mas a mente sim. Portanto simplesmente observe.

Eu não lhe ensino as soluções. Eu lhe ensino a *única* solução.

Então volte um pouco e observe. Crie uma distância entre você e a sua mente. Seja ela boa, bonita, deliciosa, alguma coisa que gostaria de apreciar de perto ou feia, não importa: fique o mais longe dela que puder. Olhe para ela exatamente como você vê um filme. O problema é que as pessoas se identificam até mesmo com os filmes.

Eu costumava ir ao cinema quando era jovem – faz muitos anos que não vejo nenhum filme –, e via as pessoas chorando, derramando lágrimas. É bom que a sala do cinema seja escura, isso poupa as pessoas de se sentirem envergonhadas – nada está acontecendo! Numa ocasião, comentei com o meu pai:

– Você viu? O homem ao seu lado estava chorando!

Ele respondeu:

– A sala inteira estava chorando. Por causa daquela cena, que era tão...

– Mas é só uma tela e nada mais – protestei. – Ninguém morreu, não aconteceu nenhuma tragédia de verdade... É só a projeção de um filme. As imagens passam na tela e as pessoas riem e choram, e durante três horas elas ficaram praticamente ausentes. Elas se tornam parte do filme, se identificam com os personagens.

Meu pai observou:

– Se você ficar discutindo as reações das pessoas, não vai apreciar o filme.

Eu respondi:

– Posso apreciar o filme, mas não quero chorar, não encontro prazer nisso. Posso entender o filme, mas não quero me tornar parte dele. Todas aquelas pessoas se tornaram parte do filme.

A gente se identifica com qualquer coisa. As pessoas se identificam com as outras pessoas e com isso acabam criando o próprio sofrimento. Elas se identificam com as coisas, e por isso acabam sofrendo com a falta delas.

A identificação é a principal causa do sofrimento. E toda identificação é processada com a mente. Portanto, afaste-se, deixe a mente passar.

Logo você vai ver que não existe problema algum – o ganso está fora. Você não precisa quebrar a garrafa nem matar o ganso.

O observador na montanha

Não me sinto nem como alguém totalmente "pertencente ao mundo" nem como "um observador na montanha". Como estar em algum lugar? Eu me sinto como se estivesse sempre no meio do caminho em tudo o que faço.

Então esse é exatamente o lugar em que você deveria estar.

Pare de criar problemas. Onde quer que esteja, esteja presente nesse lugar. Não há necessidade de ser um observador na montanha. Não deve haver nenhum "deveria". Assim que o "deveria" entra na vida, você já está envenenado. Não deve haver nenhuma meta, nenhum certo ou errado. Este é o único pecado: pensar em termos de divisão, valores, condenação, avaliação.

Onde quer que esteja... não há nada de errado em estar entre o observador na montanha e um homem no mundo. É *exatamente* aí que você deveria estar. E eu digo: onde quer que esteja, se for capaz de aceitar isso, naquele exato momento e naquele mesmo lugar você se torna o observador na montanha. Até mesmo no inferno, se conseguir aceitá-lo, o inferno desaparece, porque o inferno só pode permanecer pela sua rejeição. O inferno desaparece e o céu aparece. O que quer que você aceite torna-se o céu, e o que quer que você rejeite torna-se o inferno.

Costuma-se dizer que um santo não pode ser lançado ao inferno porque ele conhece a alquimia para transformá-lo. Dizem que os pecadores vão para o inferno e os santos para o céu, mas isso está errado. O que acontece é exatamente o contrário: não importa para onde os pecadores vão, eles criam o inferno; e não importa para onde os santos vão, eles criam o céu. Os santos não são mandados para o céu. Não existe ninguém para mandar e gerenciar tudo isso. Não existe ninguém. Mas aonde quer que eles vão, é isso o que fazem: criam o céu. Eles carregam o céu com eles, dentro deles. E os pecadores? Os pecadores podem ser mandados para o céu, mas criarão o inferno. Eles não conseguem ser de outra maneira.

Portanto, qual é a definição de santo e de pecador? A minha definição é: santo é aquele que aprendeu o segredo alquímico de transformar tudo em céu. E pecador é aquele que não conhece o segredo de transformar as coisas em uma existência bonita. Pelo contrário, ele persiste em tornar as coisas feias.

O que quer que você seja será refletido ao seu redor. Não tente ser outra coisa nem tente estar em outro lugar. Esta é a doença chamada "ser humano": sempre querendo tornar-se alguém, querendo estar em outro lugar, sempre rejeitando aquilo que ele é e sempre almejando ser o que não é.

Fique atento! Você consegue perceber isso?! É um fato simples que precisa ser percebido. Não estou teorizando sobre isso, não sou um teórico. Estou apenas indicando um fato nu e cru: se você for capaz de viver o momento, onde quer que esteja, e se esquecer do futuro, das metas, da idéia de se tornar outra coisa, imediatamente o mundo ao seu redor se transformará; você se tornará uma força transformadora.

A religião fala de aceitação; sua essência é uma aceitação profunda e total.

"A" quer se tornar "B"; "B" quer se tornar "C". Então a febre do "se tornar" é criada.

Você não é algo que ainda será, pois você já é. Já é o que pode ser, tudo o que poderia ser – você já é isso. Não se pode fazer mais nada, é um produto acabado.

Este é o significado que dou à história de que Deus criou o mundo: quando o perfeito cria, a criação é perfeita. Quando Deus cria, como melhorar o que foi criado? Pense no absurdo de tudo isso: a própria idéia é absurda.

Você está tentando melhorar Deus, mas não pode fazer isso. Pode apenas ficar infeliz e sofrer desnecessariamente. Você estará sofrendo com doenças que estão apenas na sua imaginação e em nenhuma outra parte. Se Deus é o criador, isso significa que da perfeição resulta a perfeição.

Você é perfeito! Não precisa de mais nada. Olhe para si agora mesmo, neste exato momento, olhe para dentro de si. Tenha uma percepção direta. O que está faltando? Tudo é perfeito e belo. Não consigo ver nem mesmo uma nuvem. Basta olhar para dentro de você – não se vê nem sequer uma nuvem no seu espaço interior. Tudo está cheio de luz.

Mas a mente lhe dirá, cedo ou tarde, que você seja outra coisa, esteja em outro lugar, torne-se outra coisa. A mente não lhe permite ser. A mente é algo que deseja ser, mas a sua alma já é o ser. É por isso que os budas sempre dizem: "A menos que você elimine todos os desejos, não conseguirá chegar lá!"

Desejar significa tornar-se algo. Desejar significa ser outra coisa. Desejar significa não aceitar o que você é, não estar com o espírito de "sim" total – não importa qual seja a situação.

Dizer "sim" para a vida é ser religioso; dizer "não" para a vida é ser irreligioso. E, toda vez que deseja alguma coisa, você está dizendo "não". Está dizendo que uma coisa melhor é possível.

As árvores estão contentes, os pássaros estão contentes e as nuvens estão contentes porque eles não querem se tornar outra coisa. Simplesmente são o que são.

A roseira não está tentando se tornar um lótus. Ela, roseira, está absolutamente contente de ser uma roseira. Não é possível persuadir a roseira. Por mais que você faça propaganda do lótus, não conseguirá corromper a mente da roseira para ela se tornar um lótus. A roseira irá apenas sorrir, porque a roseira é uma roseira que é uma roseira. Ela está firme e centrada no ser dela. É por isso que toda a natureza é isenta de febre: calma, tranqüila e sossegada. E inalterável!

Só a mente humana está mergulhada no caos porque todos querem ser outra coisa. É isso o que vocês têm ao longo de mil e uma vidas. E se não despertarem agora, quando é que pensam que vão despertar? Vocês já estão maduros para despertar.

Basta, a partir deste exato momento, começar a viver, a apreciar a vida e a se encantar. Eliminem o desejo! O que quer que vocês sejam, apreciem.

Contentem-se com o que são. E então, de repente, o tempo desaparece, porque o tempo só existe com o desejo. O futuro existe porque vocês desejam.

Vocês serão como os pássaros: escutem-nos. Vocês serão como as árvores: olhem para elas, vejam o seu frescor, o seu verdor, as suas flores.

Por favor, fiquem onde estão. Eu não estou aqui para despertar novos desejos. Estou aqui apenas para alertá-los sobre todo esse absurdo que é desejar.

Entender a futilidade do desejo é tornar-se iluminado. Aquele que descobre que já é o que sempre quis ser é um buda. E vocês são todos budas, por mais que estejam dormindo e roncando. Não faz diferença.

Deixem que eu seja o seu despertador. Abram os olhos. Já dormiram demais. Está na hora de acordar. A manhã está batendo à porta.

Onde você deixou a sua bicicleta?

Durante as meditações, a minha mente continua correndo a 500 quilômetros por hora. Nunca sinto o silêncio, e qualquer testemunho que eu consiga atingir acontece muito rápido, em breves lampejos. Será que estou desperdiçando o meu tempo?

A sua mente é poderosamente lenta. Quinhentos quilômetros por hora, só?! E você acha que isso é velocidade? A mente segue tão rápido que não conhece a velocidade. É mais rápida que a luz. A luz tem uma velocidade de cerca de 300 mil quilômetros por segundo e a mente é mais rápida que isso. Mas não precisa se preocupar – isso é o que torna a mente bela, é uma grande qualidade! Em vez de pensar negativamente, em vez de lutar contra isso, ajude a mente.

Você diz: "Durante as meditações, a minha mente continua a correr a 500 quilômetros por hora" – deixe que corra! Deixe que vá mais rápido. Seja um observador. Observe a mente prosseguir tão rápido, com tamanha velocidade. Aprecie! Aprecie esse jogo da mente.

Em sânscrito, temos um termo especial para isso: *chidvilas* – o jogo da consciência. Aprecie-o! Esse jogo da mente correndo em direção às estrelas, indo tão rápido daqui para lá, saltando por toda a existência. O que há de errado nisso? Deixe que seja uma bela dança. Aceite.

Tenho a impressão de que o que você está querendo é deter a mente – você não pode fazer isso. Ninguém pode parar a mente! Sim, um dia a mente pára, mas ninguém pode pará-la. A mente pára, mas não por obra sua. A mente pára sem que você compreenda.

Apenas *observe* e tente ver o que está acontecendo: por que sua mente está com tanta pressa? Ela não está correndo sem razão. Tente ver *por que* a mente está apressada, para onde vai com tanta pressa – pode ser que você seja ambicioso. Se ela pensa em dinheiro, tente entender. A mente não é a questão. Você começa a sonhar com dinheiro, que ganhou na loteria ou isso e aquilo, e logo começa a planejar como gastar o dinheiro, o que vai quer comprar ou não. Ou a mente começa a pensar que você se tornou presidente, ministro, e então você começa a pensar sobre o que vai fazer, como dirigir o país ou o mundo. Apenas *observe* a mente, veja para onde ela vai.

Deve haver uma semente profunda em você. Não é possível deter a mente a menos que essa semente deixe de existir. A mente apenas segue as diretrizes dessa semente profunda. Observe para onde a mente está correndo. Examine a si mesmo profundamente, encontre as suas sementes.

Outro dia ouvi a história de um pároco preocupado com o sumiço da sua bicicleta.

– Escute – disse ele ao sacristão da igreja –, alguém roubou a minha bicicleta.

– Onde o senhor a usou pela última vez? – quis saber o sacristão.

– Não fui muito longe da paróquia, apenas atendi a um chamado.

O sacristão sugeriu que o melhor seria o pároco fazer o sermão de domingo em torno dos Dez Mandamentos.

– Quando o senhor chegar ao "Não roubarás", nós dois poderemos observar a expressão dos presentes... logo veremos se o ladrão está entre eles.

O domingo chegou, o pároco começou a discorrer sobre os Dez Mandamentos, mas perdeu o fio da meada, mudou de assunto e acabou se atrapalhando todo.

– Senhor – disse o sacristão. – Eu pensei que o senhor iria...

– Eu sei, eu sei. Mas, veja você, quando cheguei ao "Não cometerás adultério", de repente me lembrei de onde deixei a minha bicicleta.

Portanto, veja onde você deixou a sua bicicleta. A mente está correndo por determinados motivos.

A mente precisa de compreensão, de atenção. Não tente detê-la. Se tentar pará-la, em primeiro lugar, não vai conseguir; em segundo lugar, se *conseguir* ser bem-sucedido – é possível ter sucesso se você perseverar durante anos –, se *conseguir* ser bem-sucedido, ficará apático. Nenhum *satori* resultará disso.

Primeiro, você não pode ser bem-sucedido, e é bom que não possa ser bem-sucedido. Se pudesse se sair bem, se pudesse ter sucesso, seria muito triste: você ficaria apalermado, perderia a inteligência. A velocidade está por trás da inteligência, é ela que está sempre aguçando o pensamento, a lógica, o intelecto. Por favor, não tente detê-la. Não estou defendendo os idiotas nem estou aqui para ajudar ninguém a ficar estúpido.

Em nome da religião, muitas pessoas ficaram estúpidas, tornaram-se quase idiotas – só por tentar deter a mente, sem entender por que ela segue tão rapidamente... Primeiramente, por quê? A mente não funciona sem razão. Sem considerar as razões, as camadas, as profundas camadas do inconsciente, essas pessoas apenas tentam deter a mente. Elas *podem* detê-la, mas terão de pagar um preço por isso, e o preço será a perda da inteligência.

Você pode viajar pela Índia, onde encontrará milhares de *sannyasins*, de *mahatmas*; olhe nos olhos deles – sim, eles são pessoas boas, gentis, mas burras. Se olhar nos olhos deles, não verá inteligência, não verá nenhum brilho. Eles são pessoas sem criatividade, não criam nada. Apenas ficam ali sentados. Estão vegetando, não são pessoas vivas. Não ajudam o mundo de *nenhuma* maneira. Eles nem mesmo são capazes de fazer uma pintura, escrever um poema ou compor uma canção, porque até mesmo para escrever um poema você precisa de inteligência, precisa de certos atributos na mente.

Eu não sugiro que vocês detenham a mente, ao contrário, quero que a entendam. No momento em que a entenderem, acontece um milagre: pouco a pouco, quando você entende as causas e essas causas são vistas em profundidade, ao considerar profundamente essas causas, elas desaparecem e a mente reduz sua velocidade. Mas a inteligência não se perde, porque a mente não é forçada.

O que você faz se não elimina as causas pela compreensão? Por exemplo, você está dirigindo e pisa no acelerador ao mesmo tempo em que tenta pisar no freio. Acabará fundindo o motor do carro e ainda corre risco de sofrer um acidente. Não se pode fazer as duas coisas ao mesmo tempo. Se pisar no freio, deixe o acelerador em paz, não force o carro. Se pisar no acelerador, não aperte o freio. *Nunca* faça as duas coisas ao mesmo tempo, caso contrário irá acabar com o motor, estará fazendo duas ações contraditórias.

Você tem ambição – e tenta deter a mente? A ambição aumenta a velocidade, então você está acelerando e deseja colocar um freio na mente. Irá destruir todo o mecanismo sutil da mente, que é um fenômeno muito delicado. O mais delicado de toda a existência.

Não se iluda a respeito disso: não há necessidade de deter a mente.

Você diz: "Nunca sinto o silêncio e tudo o que observo acontece muito rápido, como breves lampejos." Felicite-se! Até mesmo isso é algo de imenso valor. Esses lampejos não são lampejos comuns. Não os tome como algo certo! Há milhões de pessoas que jamais experimentaram o menor vislumbre. Elas vão passar pela vida sem nunca saber o que é testemunhar, nem por um único momento. Dê-se por feliz, você é uma pessoa afortunada.

Ainda assim, você não se sente grato e, sem a gratidão, esses lampejos desaparecerão. Sinta-se grato e eles aumentarão. Com a gratidão, tudo aumenta. Com essa positividade, as coisas aumentam de tamanho.

"E tudo o que observo acontece muito rápido."

Deixe que aconteça muito rápido! Se puder acontecer por uma breve fração de segundo, estará acontecendo: você terá a sensação de provar o que acontece. E com essa prova, pouco a pouco, criará cada vez mais situações em que isso acontece cada vez mais.

"Será que estou desperdiçando o meu tempo?"

Você não pode desperdiçar o seu tempo, porque não *possui* o tempo. Só é possível desperdiçar aquilo que se possui. O tempo não é seu. Ele será desperdiçado de qualquer maneira: meditando ou não, o tempo está correndo. Não importa que você faça alguma coisa ou não faça nada, o tempo passa. Você não pode economizar o tempo, portanto como poderia desperdiçar o tempo? Você não possui o tempo, portanto esqueça isso!

O melhor uso que você pode fazer do tempo é ter esses pequenos lampejos – porque finalmente chegará a ver que apenas os momentos que foram economizados foram momentos de testemunho, e tudo o mais foi pelo ralo. O dinheiro que ganhou, o prestígio que acumulou, a respeitabilidade que obteve, tudo vai pelo ralo abaixo. Só aqueles poucos momentos em que você teve alguns lampejos do testemunhar serão guardados. Só esses momentos o acompanharão quando você deixar esta vida – só eles podem ir, porque pertencem à eternidade, não pertencem ao tempo.

Sinta-se feliz de que isso esteja acontecendo. Sempre acontece devagar, lentamente. De gota em gota o oceano vai se enchendo. Receba isso com reconhecimento, com celebração, com gratidão.

E não tente deter a mente. Deixe a mente ter a sua velocidade enquanto você observa.

Apenas uma volta de 180 graus

Dois poloneses viajavam juntos no banco da frente do carro. Ao se aproximarem de uma esquina, o que estava dirigindo pediu ao amigo: "Você poderia olhar pela janela e ver se o pisca-pisca está funcionando?"

O amigo pôs a cabeça para fora, olhou para o pisca-pisca e gritou para o motorista: "Está, não está, está, não está, está, não está..."

Osho, se alguém me perguntasse se estou testemunhando na meditação, a minha resposta seria a mesma: "Estou, não estou, estou, não estou..."

Será que é sempre assim?

Não, porque no que diz respeito ao seu testemunho, ele pode ir e vir, e a sua resposta seria exatamente igual à do polonês que disse que o pisca-pisca estava funcionando: "Sim, não, sim de novo."

Esta é a função do pisca-pisca: acender, não acender, acender, não acender. Mas não ria do coitado do polonês: considerando a percepção *dele*, ele estava plenamente perceptivo. Toda vez que o pisca-pisca acendia, ele dizia "sim", e toda vez que apagava, ele dizia "não". A percepção que ele tinha em relação ao pisca-pisca era contínua. O pisca-pisca alternava, mas o polonês sempre percebia quando ele estava aceso, quando não estava, quando estava aceso, quando não estava. A percepção dele era um contínuo.

Se você der a mesma resposta em relação ao seu testemunho – "Sim, estou testemunhando; não, não estou testemunhando; sim, estou testemunhando; não, não estou testemunhando" –, então você precisa se lembrar de que há alguma coisa a mais por trás desses momentos de testemunho, e que essa coisa testemunha todo o processo. Quem está testemunhando que você às vezes está testemunhando e às vezes não está? Alguma coisa é constante.

O seu testemunho se tornou apenas um pisca-pisca: não se importe com ele. A sua ênfase deve ser no eterno, no constante, no contínuo – e ele existe. Está em todos nós, apenas nos esquecemos dele.

Mas até mesmo nos momentos em que o esquecemos ele está presente em sua perfeição absoluta. É como um espelho que tem a capacidade de refletir tudo, permanece refletindo tudo, mesmo quando você está de costas para ele. O pobre espelho reflete as suas costas.

Vire-se de frente, ele refletirá o seu rosto.

Abra o seu coração, ele refletirá o seu coração.

Ponha todas as cartas na mesa, não esconda uma única sequer, e ele refletirá a sua realidade por inteiro.

Mas, se deseja continuar dando as costas ao espelho, olhando para o mundo em toda a sua volta e perguntando às pessoas "Quem sou eu?", isso é com você. Existem idiotas que virão procurá-lo para lhe ensinar: "Este é o caminho. Faça isto e você descobrirá quem é."

Não há necessidade de nenhum método, apenas uma volta de 180 graus – e isso não é um método.

O espelho é o seu próprio ser.

Pode ser que você não tenha pensado na piada sob esse prisma. Se você contar a piada, as pessoas vão rir por causa da estupidez do polonês, porque aquela é a função do pisca-pisca – acender, não acender, acender, não acender. Mas você me trouxe uma piada e eu não posso rir porque vejo nela alguma coisa a mais que talvez ninguém veja.

O polonês é constante, atento. Ele não perde um único detalhe, um único momento.

E quando você diz "testemunhando, sim" e então isso desaparece e você diz "não", e ele aparece de novo, então você diz "sim" – isso demonstra que há alguma coisa por trás de todos esses momentos de testemunho e não-testemunho. A *verdadeira* testemunha, a que reflete as mudanças no processo do que você *pensa* que é o seu testemunho, está por trás. Aquilo não é seu verdadeiro testemunho, é apenas o pisca-pisca.

Esqueça o pisca-pisca.

Lembre-se da reflexão constante que se mantém durante 24 horas dentro de você, observando tudo em silêncio. Lentamente, bem devagar, limpe o espelho – ele está coberto de pó, séculos de pó. Remova essa sujeira.

Um dia, quando o espelho estiver totalmente limpo, esses momentos de testemunho e não-testemunho desaparecerão: você simplesmente será uma testemunha.

A menos que você encontre essa eternidade do testemunhar, todos os outros tipos de testemunhos fazem parte da mente. Eles não têm nenhum valor.

Todos os caminhos se juntam na montanha

A percepção vale mais que o amor?

O pico mais elevado é a culminância de todos os valores: verdade, amor, percepção, autenticidade, totalidade. No pico mais elevado esses valores são indistinguíveis. Estão separados apenas nos vales escuros da nossa inconsciência. Estão separados apenas quando poluídos, misturados com outras coisas. No momento em que se tornam puros, eles se tornam um; quanto mais puros, mais próximos ficam uns dos outros.

Por exemplo, cada valor existe em muitos planos – cada valor é uma escada de muitos degraus. Amor é luxúria – o mais baixo degrau, que toca o inferno; e amor também é oração – o degrau mais alto, que toca o paraíso. E entre esses dois planos há muitos outros facilmente identificáveis.

Na luxúria, o amor equivale a apenas 1%; 99% são coisas como ciúmes, ilusões e mal-entendidos, possessividade, raiva, sexualidade. O amor, nesse caso, é mais físico, mais químico, não tem profundidade. É muito superficial, não ultrapassa o nível da pele.

Conforme você se eleva, os sentimentos vão ficando mais profundos, ganham novas dimensões. O que era apenas fisiológico começa a ter uma dimensão psicológica. O que era pura biologia começa a se tornar psicologia. Compartilhamos a biologia com todos os animais; mas não compartilhamos a psicologia com todos os animais.

Quando o amor se torna ainda mais elevado – ou mais profundo, o que dá no mesmo – então começa a ter alguma coisa de espiritual. Ele se torna metafísico. Apenas o Buda, Krishna ou Cristo conhecem esse tipo de amor.

O amor se desdobra para todos os lados e o mesmo acontece com os outros valores. Quando o amor é 100% puro, não se consegue fazer nenhuma distinção entre amor e percepção: já não são mais duas coisas distintas. Não se pode fazer nenhuma distinção nem mesmo entre amor e Deus: já não são mais duas coisas separadas. Daí a afirmação de Jesus de que Deus é amor. Ele os torna sinônimos. Isso envolve uma grande percepção, uma grande compreensão.

Na periferia tudo parece estar separado de tudo; na periferia a existência é muitas coisas. À medida que você se aproxima do centro, a quantidade começa a derreter, a se dissolver, e aparece a unidade. No centro, tudo é um.

Portanto, a sua pergunta só é correta se você não entender a característica superior do amor e da percepção. É absolutamente irrelevante se você tiver algum vislumbre do Everest, do pico mais alto.

Você pergunta: "A percepção vale mais que o amor?"

Não há nada superior nem inferior; na verdade, não existem dois valores. Existem dois caminhos que conduzem do vale ao pico. Um caminho é o da percepção, da meditação: o caminho Zen. O outro é o caminho do amor, o caminho dos devotos, os *bhaktas*, os sufis. Esses dois caminhos estão separados quando você começa a viagem, é preciso escolher um deles. Qualquer escolha levará ao mesmo pico. E, à medida que se aproxima do pico, você se surpreende: os viajantes que seguiram o outro caminho estarão próximos de você. Bem lentamente, os caminhos começam a convergir um para o outro. No momento em que você chegar ao alto, eles serão um só caminho.

A pessoa que segue o caminho da percepção encontra o amor como uma conseqüência da sua percepção – um subproduto, uma sombra. E a pessoa que segue o caminho do amor encontra a percepção como uma conseqüência, um subproduto, uma sombra do amor. São dois lados da mesma moeda.

E lembre-se: se a sua percepção carece de amor, então ela continua impura, ainda não conheceu 100% de pureza. Ainda não é *realmente* percepção; deve estar misturada com uma não-percepção. Ela não é pura luz, deve haver bolsões de escuridão dentro de você ainda em funcionamento, trabalhando, influenciando, dominando-o. Se o seu amor não tiver percepção, então ainda não é amor. Deve ser alguma coisa inferior, alguma coisa mais próxima da luxúria que da oração.

O critério pode ser o seguinte: se você seguir o caminho da percepção, deixe que o amor seja o critério. Quando a sua percepção florescer de repente no amor, tenha plena certeza de que ela aconteceu, que o *samadhi* foi alcançado. Se seguir o caminho do amor, então deixe que a percepção funcione como um critério, como uma pedra de toque. Quando de repente, a partir do nada, no próprio centro do seu amor, uma chama de percepção começar a surgir... Alegre-se! Você chegou em casa.

Celebrando a consciência

Depois de aplicar as técnicas catárticas durante alguns anos, sinto-me em profunda harmonia interior, equilibrado e centrado. Mas você disse que, antes de entrar na etapa final do samadhi, *temos que atravessar um grande caos. Como vou saber que passei pela etapa do caos?*

Em primeiro lugar, há centenas de vidas você tem vivido no caos. Isso não é nada novo. É muito velho. Em segundo lugar, os métodos dinâmicos de meditação que têm por base a catarse permitem que todo o caos dentro de você seja posto para fora. Essa é a beleza dessas técnicas. Você não pode sentar em silêncio, mas pode fazer as meditações dinâmicas ou caóticas sem nenhuma dificuldade. Uma vez descartado o caos, um silêncio surge em você. Então pode sentar em silêncio. Feitas de maneira correta e metódica, as técnicas catárticas de meditação dissolvem todo o seu caos no mundo exterior. Você não precisará atravessar uma etapa de loucura. Essa é a beleza dessas técnicas. A loucura já está sendo descartada. Está embutida na técnica.

Se você sentar em silêncio conforme Patanjali sugere, contudo... Patanjali não usava métodos catárticos – parece que não eram necessários na época. As pessoas eram naturalmente muito silenciosas, calmas, primitivas. A mente ainda não funcionava muito. As pessoas dormiam bem, viviam como animais. Elas não pensavam muito, não eram muito lógicas e racionais, estavam mais centradas no coração, como são até hoje as pessoas primitivas. E a vida permitia muitas catarses automáticas.

Vejamos um lenhador, por exemplo: ele não precisa de nenhuma catarse porque, ao cortar a madeira, todos os seus instintos assassinos são eliminados. Cortar madeira é como assassinar uma árvore. Um homem que trabalha quebrando pedras não precisa fazer a meditação catártica. Ele já faz isso o dia inteiro. Mas para o homem moderno as coisas mudaram. Você vive com tamanho conforto que não há possibilidade alguma de ocorrer uma catarse na sua vida, a não ser que dirija seu carro como um doido.

É por isso que no Ocidente, todos os anos, mais pessoas morrem de acidente de carro do que por qualquer outro motivo. Essa é a maior doença. Nem o câncer nem a tuberculose nem qualquer outra doença roubam tantas vidas como os acidentes de carro. Durante um ano na Segunda Guerra Mundial morreram milhões de pessoas; todos os anos morrem mais pessoas em todo o planeta por causa de motoristas de automóvel alucinados.

Se você dirige, pode ter observado que, todas as vezes que está com raiva, anda mais rápido. Você pisa no acelerador e se esquece do freio. Quando está com muita raiva, irritado, o carro se torna o seu meio de expressão. De outra maneira você aprecia o conforto, usando cada vez menos o corpo, vivendo cada vez mais na mente.

Os especialistas que conhecem o cérebro profundamente dizem que as pessoas que trabalham com as mãos sofrem menos com a ansiedade, sofrem menos com a tensão. Elas dormem bem, porque as mãos estão ligadas ao fundo da mente, aos centros mais profundos do cérebro – a sua mão direita está ligada ao hemisfério esquerdo do cérebro, a sua mão esquerda está ligada ao hemisfério direito. Ao trabalhar com as mãos, a energia flui da cabeça para as mãos e é liberada. As pessoas que trabalham com as mãos não precisam de catarse. Mas as pessoas que trabalham com a cabeça precisam de muita catarse, porque acumulam muita energia e não há um caminho no corpo, nenhuma brecha para a energia sair. A energia entra continuamente na mente e a mente acaba enlouquecendo.

Em nossa sociedade – no escritório, na fábrica, no mercado –, as pessoas que trabalham com a cabeça são consideradas chefes: a balconista-chefe ou o superintendente-chefe; e as pessoas que trabalham com as mãos são classificadas como mão-de-obra. É pejorativo. A própria palavra "mão" se tornou pejorativa.

Quando Patanjali trabalhou nesses sutras, o mundo era inteiramente diferente. As pessoas eram "mãos". Não havia necessidade de uma catarse específica: a vida em si já era uma catarse. Naquela época era possível sentar em silêncio sem dificuldade, mas você não pode fazer o mesmo. Por isso tenho inventado métodos catárticos. Só depois de praticá-los você poderá sentar em silêncio, não antes.

"Depois de aplicar as técnicas catárticas durante alguns anos, sinto-me em profunda harmonia interior, equilibrado e centrado."

Não crie problemas; deixe acontecer. A mente fica incomodando, provocando. A mente diz: "Como pode ser? Primeiro eu tenho de passar pelo caos." Essa idéia pode criar o caos.

Eu observei o seguinte: as pessoas anseiam pelo silêncio e, quando ele começa a acontecer, elas não conseguem acreditar. É bom demais para ser verdade e especialmente pessoas que sempre se condenaram não conseguem acreditar que aquilo esteja acontecendo com elas: "Impossível! Pode ter acontecido com o Buda, ou com Jesus, mas comigo? Não, não é possível." Elas me procuram perturbadas com o silêncio, com o que lhes está acontecendo: "Isso é verdade, ou estou imaginando coisas?" Por que se aborrecer? Mesmo que seja imaginação, é melhor do que imaginar a raiva, é melhor do que imaginar sexo, luxúria.

E vou dizer uma coisa: ninguém pode imaginar o silêncio. A imaginação precisa de uma forma, mas o silêncio não tem forma. A imaginação significa pensar em imagens e o silêncio não tem imagem. Não se pode imaginá-lo. Não há nenhuma possibilidade. Você não consegue imaginar a iluminação, não consegue imaginar o *satori*, o *samadhi*, o silêncio. A imaginação precisa de uma base, uma forma, e o silêncio é informe, indefinível. Ninguém nunca pintou um quadro sobre o silêncio; ninguém consegue pintá-lo. Ninguém jamais esculpiu uma imagem do silêncio; ninguém é capaz de fazer isso.

Você não é capaz de imaginar o silêncio. A mente nos prepara armadilhas. A mente diz: "Deve ser imaginação. Como é que pode, um homem estúpido como você, conseguir ficar em silêncio? Deve ser imaginação sua." Ou então: "Esse tal de Osho deve tê-lo hipnotizado. Você deve estar iludido de alguma maneira."

Não crie problemas. A vida já nos reserva bastante problemas. Quando o silêncio acontecer, aprecie-o, comemore. Significa que as forças caóticas foram descartadas. A mente está jogando a sua última cartada. Ela irá jogar até o fim. No último instante, quando a iluminação estiver próxima, a mente irá jogar a sua última cartada, porque é a sua última batalha.

Não se preocupe se é real ou irreal, se o caos virá depois disso ou não, porque foi pensando assim que você provocou o caos. É a sua idéia que pode criar o caos, e, quando ele for criado, a mente dirá: "Escute aqui, eu bem que avisei."

A mente é auto-suficiente. Primeiro lhe dá uma semente e, quando ela brota, a mente diz: "Olhe, eu lhe disse que você estava enganado." O caos se instalou e foi trazido pela idéia. Então por que se incomodar se o caos virá no futuro ou não, se ele já passou ou não? Exatamente nesse momento você estará em silêncio – por que não celebrar? Eu lhe digo que, se você celebrar, o silêncio cresce.

Neste mundo regido pela consciência, nada é tão útil quanto a celebração. A celebração é como regar uma planta. A preocupação é exatamente o oposto da celebração, é como cortar as raízes. Sinta-se feliz! Dance com o seu silêncio. Esse momento existe – isso basta. Por que querer mais? O futuro cuidará de si mesmo. Esse momento é o bastante: por que não vivê-lo, comemorá-lo, compartilhá-lo, apreciá-lo? Deixe que se torne uma canção, uma dança, uma poesia. Deixe que o seu silêncio seja criativo, faça alguma coisa com ele.

Milhões de coisas são possíveis porque nada é mais criativo que o silêncio: não há necessidade de se tornar um grande pintor mundialmente famoso como Picasso; não há necessidade de se tornar um Henry Moore, não há necessidade de se tornar um grande poeta. Essas ambições de grandeza são da mente, não do silêncio.

Pinte do seu jeito, por mais simples que seja. Componha um haicai à sua maneira, por mais simples que seja. À sua maneira, por mais simples que seja, cante uma canção, dance um pouco, celebre, e irá perceber que o momento seguinte trará mais silêncio – depois que você entender que quanto mais celebra, mais lhe será dado; quanto mais compartilha, mais se torna capaz de receber o silêncio, e a cada momento ele continua a evoluir, a crescer.

O próximo momento sempre nasce deste momento, então por que se preocupar com isso? Se esse momento é de silêncio, como o próximo momento poderá ser de caos? De onde virá o caos? Ele tem de nascer deste momento. Se neste momento estou contente, como posso estar triste no próximo?

Se quiser que o próximo momento seja triste, você terá de ficar triste neste momento, porque a infelicidade gera a infelicidade, enquanto a felicidade gera a felicidade. Terá de semear agora mesmo aquilo que quiser colher no próximo momento. Se ficar preocupado agora e começar a pensar que o caos virá, então ele virá; você já o trouxe. Depois você terá de colhê-lo, porque ele já veio. Não há necessidade de esperar pelo próximo momento, ele já chegou.

Lembre-se disso, pois realmente é algo muito estranho: quando você está triste, nunca pensa que isso possa ser fruto da imaginação. Eu nunca encontrei um homem que ficasse triste e dissesse que isso era fruto da imaginação. A tristeza é perfeitamente real. Mas e a felicidade? Alguma coisa dá errado quase imediatamente, porque você começa a pensar: "Talvez seja fruto da minha imaginação." Quando está tenso, você nunca pensa que a tensão é imaginária. Se for capaz de pensar que a sua tensão e a sua tristeza são imaginárias, elas irão desaparecer. E se pensar que a sua felicidade e o seu silêncio são imaginários, eles também desaparecerão.

Tudo que é considerado real torna-se real. Tudo que é considerado irreal torna-se irreal. Lembre-se de que você é o criador do mundo que existe ao seu redor. É tão raro alcançar um momento de alegria, de felicidade – não o desperdice pensando. Se você não fizer nada, corre o risco de se preocupar. Se não fizer nada – se não dançar, não cantar, não compartilhar –, sempre haverá a possibilidade de a preocupação surgir. A mesma energia que poderia ter sido criativa criará a preocupação. Ela criará novas tensões internas.

A energia precisa ser criativa. Se não usá-la para a felicidade, a mesma energia será usada para a infelicidade. E, no que diz respeito à infelicidade, você tem tantos hábitos profundamente arraigados que a energia flui de maneira muito mais solta e natural. A tarefa é árdua para a felicidade.

Nos primeiros dias, então, você deve estar constantemente atento. Sempre que houver um momento alegre, deixe-se envolver, possuir. Aprecie tudo; como o momento seguinte poderá ser diferente? Em que seria diferente? De onde viria?

O seu tempo é criado dentro de você. O seu tempo não é o meu tempo. Existem tempos paralelos na mesma proporção das mentes. Não existe um só tempo. Se houvesse um só tempo, haveria dificuldades. Em meio a toda a humanidade infeliz, ninguém poderia tornar-se o Buda porque pertenceríamos ao mesmo tempo. Não, ele não é o mesmo. O meu tempo vem de mim – é a minha criatividade. Se este momento é bonito, o próximo momento nascerá mais bonito – esse é o meu tempo. Se este momento é triste para você, então nascerá um momento mais triste à sua volta – esse é o seu tempo. Existem milhões de linhas de tempo paralelas. E existem algumas pessoas que vivem fora do tempo – as pessoas que atingiram a não-mente. Elas não vivem no tempo porque não pensam no passado; o tempo passou, portanto só os tolos pensam a respeito dele. Quando alguma coisa passou, passou.

Existe um mantra budista, *Gate gate, para gate – swaha*, que significa: "Passado, passado, irremediavelmente passado; deixe-o queimar." O passado se foi, o futuro ainda não chegou. Por que se preocupar a respeito? Quando ele chegar, veremos. Você estará lá para encontrá-lo, então para que se preocupar com ele?

O que passou, passou; o que não chegou, não chegou ainda. Só resta o momento atual, puro, intenso de energia. Viva-o! Se ele for de silêncio, agradeça. Se for feliz, agradeça a Deus, confie nele. E se você for capaz de confiar, ele crescerá. Se desconfiar, contudo, já o terá envenenado.

Conte os momentos de percepção

Você nos diz para estarmos perceptivos a tudo – isso significa ser uma testemunha de tudo, de cada ato. Quando decido ficar perceptivo no trabalho, acabo me esquecendo da percepção e, quando me dou conta de que não estava perceptivo, me sinto culpado, tenho a impressão de ter cometido um erro. Você poderia explicar por que isso acontece?

Esse é um dos problemas básicos de qualquer pessoa que tente manter a percepção durante o trabalho – porque ele exige que você se esqueça completamente de si mesmo. Você deve se envolver tão profundamente nele como se estivesse ausente. A menos que tenha esse envolvimento total, o trabalho será superficial.

Todas as grandes coisas criadas pelo homem – na pintura, na poesia, na arquitetura, na escultura, em qualquer dimensão da vida – todas essas atividades requerem o seu envolvimento total. E se você tentar manter a percepção ao mesmo tempo, o seu trabalho nunca será de primeira grandeza, porque não estará envolvido nele.

Portanto, estar perceptivo durante o trabalho requer um treinamento e uma disciplina imensos. É preciso começar pelas ações mais simples como, por exemplo, caminhar. Você pode caminhar e se manter perceptivo de que está caminhando – estar plenamente perceptivo a cada passo. Quando estiver comendo, faça como nos mosteiros zen – ao beberem o chá, eles realizam a "cerimônia do chá", porque, para tomar um gole de chá, deve-se permanecer atento e alerta.

Essas são pequenas ações, perfeitamente adequadas para começar. Não comece com a pintura ou a dança, que são atividades mais complexas. Comece com pequenas ações da rotina diária. Conforme for se acostumando com a percepção, à medida que a percepção se igualar à respiração – não requerendo nenhum esforço, pois se tornou algo espontâneo –, então você será capaz de se manter perceptivo em qualquer ação, qualquer trabalho.

Lembre-se dessa condição: deve ser sem esforço, deve ser espontâneo. Pintando, compondo música, dançando ou até mesmo lutando com um inimigo com uma espada, você pode permanecer absolutamente perceptivo. Essa percepção, contudo, não é a que está buscando. Não é o começo, é o ápice de uma longa disciplina, embora às vezes também possa ocorrer sem disciplina.

Mas isso só acontece raramente, em condições extremas. Na vida diária, você deve seguir o caminho simples. Em primeiro lugar, conscientize-se das ações que não requerem o seu envolvimento. É possível caminhar e pensar ao mesmo tempo, assim como comer e pensar. Substitua o pensamento pela percepção. Enquanto come, permaneça perceptivo de que está comendo. Caminhe, substituindo o pensamento pela percepção. Continue caminhando: talvez o seu passo seja um pouco mais lento e mais gracioso. Mas é possível manter a percepção durante esses atos pequenos. E, à medida que se tornar mais experiente, aplique o método em atividades mais complexas.

Chegará o dia em que não haverá atividade alguma na qual você não possa permanecer perceptivo o tempo todo, fazendo o que tem de ser feito plenamente.

Você me diz: "Quando decido ficar perceptivo no trabalho, acabo me esquecendo da percepção." Não deve ser uma decisão sua, mas o resultado de uma longa disciplina. E a percepção deve acontecer espontaneamente; não a invoque, não a force.

"E quando me dou conta de que não estava perceptivo, me sinto culpado." Isso é uma estupidez absoluta. Quando você perceber que não estava perceptivo, ao menos sinta-se feliz de estar perceptivo naquele momento. Entre os meus ensinamentos não há lugar para o sentimento de culpa.

A culpa é um dos cânceres da alma. E todas as religiões têm usado a culpa para destruir a sua dignidade, o seu orgulho, e escravizar a todos. Não há necessidade de se sentir culpado. A percepção é uma coisa tão fantástica que, mesmo que você só consiga permanecer perceptivo por alguns segundos, deve se alegrar. Não se preocupe com os momentos em que se esquece. Preocupe-se com o momento em que você subitamente se lembra: "Eu não estava perceptivo." Sinta-se afortunado pelo menos porque, depois de algumas horas, conseguiu recuperar a percepção.

Não faça disso um arrependimento, uma culpa, um sofrimento – sentir-se culpado e triste não irá ajudá-lo. No fundo, você se sentirá fracassado. E uma vez que a sensação de fracasso tenha se instalado, a consciência torna-se cada vez mais difícil.

Mude o seu foco de interesse por completo. É ótimo que tenha se dado conta de que se esqueceu de ser perceptivo. Agora passe o máximo de tempo possível sem se esquecer. Você se esquecerá novamente, e novamente se lembrará. O intervalo de esquecimento ficará cada vez menor. Se puder evitar a culpa, que é basicamente cristã, os seus intervalos de não-percepção se tornarão mais curtos até que, um dia, desaparecerão. A percepção se tornará igual à respiração ou aos batimentos do coração, ou ao sangue que circula no seu corpo, presente todos os dias. Não se sinta culpado. Não há por que se sentir culpado. É imensamente significativo que as plantas não escutem os padres católicos. Caso contrário, eles fariam as rosas se sentirem culpadas: "Por que você tem espinhos?" E a rosa, dançando no vento, na chuva, ao sol, de repente ficaria triste. A dança desapareceria, a alegria desapareceria, a fragrância desapareceria. O espinho iria tornar-se a única realidade, uma ferida: "Por que você tem espinhos?"

Mas como não existem roseiras tolas o bastante para dar ouvidos aos padres de qualquer religião, as rosas continuam a dançar ao vento, e com elas também os espinhos.

A existência como um todo não conhece a culpa. E quando o

homem se livra da culpa, ele passa a participar do fluxo universal da vida. Isso é iluminação, uma percepção sem culpa, rejubilando-se com tudo o que a vida oferece: a luz é linda, assim como a escuridão.

Quando não encontrar mais nada de que possa se sentir culpado, para mim você terá se tornado um homem religioso. Para as religiões tradicionais, a menos que seja culpado, você não é considerado religioso: quanto mais culpado, mais religioso você é.

As pessoas se torturam como castigo, como penitência. As pessoas jejuam; as pessoas batem no peito com os punhos até sangrar. Essas pessoas, para mim, são psicopatas, não são religiosas. As suas pseudo-religiões as ensinaram que, se cometessem alguma injustiça, seria melhor punir-se do que ser castigadas por Deus no Dia do Juízo – porque a punição final seria lançá-las na escuridão abissal do inferno por toda a eternidade. Não há como fugir: depois de entrar no inferno, não há saída.

Culparam a humanidade inteira de uma forma ou de outra. Tiraram o brilho dos seus olhos, arranharam a beleza do seu rosto, roubaram a graça do seu ser. Todos foram reduzidos a criminosos – sem necessidade.

Lembre-se: o homem é frágil e fraco, e errar é humano. E as pessoas que inventaram o provérbio "Errar é humano" também inventaram o provérbio "Perdoar é divino". Não concordo com a segunda afirmação.

Eu digo: "Errar é humano e perdoar também é humano." E perdoar a si mesmo é uma das maiores virtudes porque, se você não for capaz de perdoar a si mesmo, então não poderá perdoar a mais ninguém no mundo – será impossível. Se você é tão cheio de feridas e de culpa, como poderá perdoar alguém? Os santos continuam dizendo que você será lançado no inferno. Na realidade, eles é que estão vivendo no inferno! Não conseguem nem mesmo permitir que Deus o perdoe!

Um grande poeta sufi, Omar Khayyam, escreveu no seu *Rubaiyat*, uma coletânea de poesias mundialmente famosa: "Eu vou beber, dançar, amar. Eu vou cometer todo tipo de pecado, porque confio que Deus é compassivo – ele irá me perdoar. Os meus pecados são muito pequenos, o perdão dele é imenso." Naquela época, os livros eram escritos à mão, não existiam tipografias. Quando os padres tomaram conhecimento do livro dele, quando descobriram que estava escrevendo tais sacrilégios... Ele dizia: "Não se preocupe, continue fazendo o que quiser porque Deus nada mais é que pura compaixão e amor. Quantos pecados você é capaz de cometer em 70 anos de vida? Em comparação ao perdão de Deus, isso não é nada."

Ele também foi um matemático famoso, de grande renome no seu país. Os padres o procuraram e disseram: "O que são essas coisas que você está escrevendo? Você vai acabar com a religiosidade das pessoas! Desperte o medo nas pessoas, diga-lhes que Deus é muito justo: se alguém cometeu um pecado, será castigado. Não haverá compaixão."

O livro de Omar Khayyam foi queimado na época. Sempre que se encontrava uma cópia, era queimada pelos padres, porque aquele homem apregoava uma idéia perigosa.

Se ela se espalhasse entre as pessoas e todo mundo começasse a curtir a vida, o que aconteceria aos padres? O que aconteceria aos santos? O que aconteceria às mitologias de inferno e céu e Deus? Tudo desapareceria no ar.

Pelo menos para mim, Omar Khayyam é um dos místicos sufis mais iluminados, e o que ele diz traduz uma imensa verdade. Ele não quer dizer que você deva pecar. O que ele diz é que você não deve se sentir culpado, não importa o que faça. Se não for correto, não o faça novamente. Se sentir que feriu alguém, não o faça novamente. Mas não há necessidade de se sentir culpado, não há necessidade de se arrepender, não há necessidade de se penitenciar e se torturar.

Quero mudar inteiramente o seu ponto de vista. Em vez de contar quantas vezes você se esqueceu de lembrar de ser perceptivo, conte os poucos e belos momentos em que estava em total clareza e percepção. Esses poucos momentos são suficientes para a sua salvação, são suficientes para purificá-lo, para curá-lo. Se você prestar atenção, eles irão evoluir e se espalhar na sua consciência. Pouco a pouco, lentamente, toda a escuridão da não-percepção desaparecerá.

No princípio, muitas vezes você poderá achar que é impossível trabalhar e estar perceptivo ao mesmo tempo. Mas eu lhe digo que não só é possível como também é muito fácil. Basta começar da maneira correta. Basta não começar do XYZ e sim do ABC.

Na vida, perdemos muitas oportunidades por começar de maneira incorreta. Tudo deve começar do verdadeiro princípio. A nossa mente é impaciente – queremos fazer tudo depressa. Queremos alcançar o ponto mais alto sem galgar todos os degraus da escada.

No entanto, isso significa um fracasso absoluto. E quando você fracassa em algo como a percepção – não é um fracasso pequeno –, talvez não tente novamente. O fracasso dói.

Portanto, em qualquer coisa que seja tão valiosa quanto a percepção – porque ela pode abrir todas as portas dos mistérios da existência, pode levar ao verdadeiro templo de Deus –, você deve começar muito cuidadosamente, partir do verdadeiro princípio e prosseguir muito lentamente.

Basta um pouco de paciência; a meta não está assim tão distante.

Simplifique as coisas o mais que puder

Como posso saber a diferença entre o observador e uma parte da mente que observa outra parte? O observador pode se observar?

Uma vez pensei ter entendido isso, e então, naquele mesmo dia, ouvi você dizer em um discurso: "Se você pensa que entendeu o observador, está enganado."

Desde aquele dia, tento observar as minhas sensações, os meus pensamentos e as minhas emoções. Na maioria das vezes, fico preso a tudo isso, mas de vez em quando, raramente, sinto-me imensamente relaxado e nada permanece imóvel – tudo se mantém em movimento. Há alguma coisa a fazer?

Deve-se começar a observar o corpo caminhando, sentado, indo para a cama, comendo. Deve-se partir do mais concreto, porque é mais fácil. E então se deve passar a experiências mais sutis. Deve-se começar observando os pensamentos. Ao se tornar um perito em observar pensamentos, comece a observar as sensações. Quando achar que pode observar as suas sensações, comece a observar os seus humores, que são ainda mais sutis e mais vagos que as sensações.

O milagre de observar é que, conforme você observa o corpo, o observador vai ficando mais forte; conforme observa os seus pensamentos, o observador vai ficando mais forte; conforme observa as suas sensações, o observador vai ficando ainda mais forte. Quando chegar a observar os seus humores, o observador estará tão forte que pode permanecer sendo ele mesmo – observando a si mesmo, como uma vela na noite escura não só ilumina tudo ao redor de si mesma, mas também ilumina a si mesma.

Encontrar o observador na sua pureza é a maior realização na espiritualidade, porque o observador em você é a sua própria alma, a sua imortalidade. Mas nunca, nem por um único momento, pense: "Eu entendo isso", porque esse é o momento em que você deixa de entender.

Observar é um processo eterno: você continua a se aprofundar indefinidamente, cada vez mais, mas nunca chega a um fim em que possa dizer: "Eu entendo isso." Na verdade, quanto mais você se aprofunda, mais se conscientiza de que entrou em um processo que é eterno – sem começo e sem fim.

Mas as pessoas só observam os outros, nunca se lembram de observar a si mesmas. Todo mundo realiza a observação mais superficial: o que as outras pessoas estão fazendo, o que as outras pessoas estão usando, como é a aparência delas. Todo mundo observa –

observar não é algo novo a ser introduzido na sua vida. A observação precisa apenas ser aprofundada, desviada dos outros e apontada para as suas próprias sensações internas, para os seus pensamentos, para os seus humores e, finalmente, para o próprio observador.

As pessoas estão sempre observando todo mundo.

Dois poloneses saíram para um passeio a pé quando de repente começou a chover.

– Depressa – disse um deles –, abra o seu guarda-chuva.

– Não adianta – disse o amigo –, meu guarda-chuva está cheio de buracos.

– Então por que você o trouxe?

– Não pensei que fosse chover.

É fácil rir muito dos atos ridículos das pessoas, mas você alguma vez riu de si mesmo? Alguma vez se pegou fazendo alguma coisa ridícula? Não, você nunca se observa, só está preocupado em observar os outros e isso não tem a menor utilidade.

Use essa energia de observação para transformar o seu ser. Ela poderá lhe proporcionar tanta felicidade e tantos benefícios que você nem é capaz de imaginar. É simples, mas, assim que começar a usá-la em si mesmo, ela se torna uma meditação.

Pode-se meditar sobre qualquer coisa.

Qualquer coisa que o leve a tomar contato consigo mesmo é uma meditação. E é imensamente importante encontrar a sua própria forma de meditação, porque na própria busca você já encontrará uma grande alegria. Como é uma descoberta sua, e não um ritual que lhe impuseram, você vai adorar se aprofundar nela. Quanto mais se aprofundar, mais se sentirá feliz, calmo, silencioso, centrado, dignificado, amável.

Todos vocês sabem observar, por isso não é necessário aprender, é preciso apenas mudar os objetos a serem observados, trazê-los mais para perto.

Observe o seu corpo e você irá se surpreender. Posso mover a minha mão sem observá-la e posso movê-la observando-a. Você não vai notar a diferença, mas eu sou capaz de sentir a diferença. Quando eu a movo observando, esse movimento adquire uma graça e uma beleza, uma paz e um silêncio especiais. Você pode caminhar observando cada passo e isso lhe trará todos os benefícios desse movimento como forma de exercício e lhe trará também o benefício de uma ótima e simples meditação.

O templo de Bodhgaya, que fica no lugar onde o Buda Gautama atingiu a iluminação, foi construído em memória de duas coisas – primeiro, da árvore de Bodhi sob a qual ele se sentava. Bem ao lado da árvore existe um caminho de pequenas pedras que permite um passeio calmo. Ele meditava sentado e, quando se cansava de ficar sentado, quando precisava de um pouco de exercício para o corpo, saía para uma caminhada naquelas pedras. Essa era a meditação que ele fazia caminhando.

Quando estive em Bodhgaya, durante um acampamento de meditação, fui até o templo. Encontrei lamas budistas do Tibete, do Japão, da China. Todos demonstravam muito respeito em relação à árvore, mas não vi um único deles homenageando aquelas pedras nas quais o Buda caminhava por quilômetros. Eu lhes disse: "Isso não está certo. Vocês não deveriam esquecer essas pedras. Elas foram tocadas milhões de vezes pelos pés do Buda Gautama. Mas eu sei por que não dão atenção a elas: vocês se esqueceram completamente que o Buda enfatizava que devemos observar cada ação do corpo: caminhando, sentados e deitados."

Vocês não devem deixar passar um único momento sem ter consciência dele. A observação afia a sua consciência. Essa é a religião essencial, todo o resto é apenas conversa. Mas você me pergunta: "Há alguma coisa a fazer?" Não; se você for capaz de apenas observar, não é preciso mais nada.

O meu esforço é para tornar a religião o mais simples possível. Todas as religiões fizeram exatamente o contrário: tornaram as coisas muito complexas – tão complexas que as pessoas nunca as experimentaram. Por exemplo, nas escrituras budistas existem

33 mil princípios a serem seguidos por um monge budista. Até mesmo lembrar-se de todos eles é impossível. Só o número 33 mil é o bastante para apavorar você: "Estou perdido! Toda a minha vida está abalada e destruída." Eu lhe ensino o seguinte: basta encontrar um único princípio que lhe convenha, com o qual você possa se harmonizar, e isso é o bastante.

Testemunhar é como plantar sementes

De que maneira a observação conduz à não-mente?

Sou cada vez mais capaz de observar o meu corpo, os meus pensamentos, os meus sentimentos e sensações, e isso parece bonito. Mas os momentos de ausência de pensamentos são poucos e espaçados. Quando ouço você dizer que "Meditação é testemunho", sinto que entendo. Mas, quando fala sobre a "não-mente", parece algo difícil. Poderia comentar o assunto?

A meditação abrange uma peregrinação muito longa. Quando digo "Meditação é testemunho", esse é o começo da meditação. E quando digo "Meditação é a não-mente", é a conclusão da peregrinação. Testemunhar é o começo e a não-mente é a conclusão. O testemunho é o método para alcançar a não-mente.

Naturalmente, será mais fácil testemunhar. Está próximo de você. Mas o testemunho é igual a uma semente. Depois vem o longo período de espera – não só de espera, mas de confiança de que essa semente vá germinar, de que ela se transformará em um arbusto, de que um dia virá a primavera e o arbusto dará flores. A não-mente é a última etapa do florescimento.

É claro que plantar as sementes é muito fácil. Está nas suas mãos. Mas produzir as flores está além de você. Você pode preparar o solo até não agüentar mais, porém as flores virão por sua própria conta. Não pode forçá-las a brotar. A primavera está além do seu alcance. Mas, se a sua preparação for perfeita, a primavera virá. Isso é absolutamente garantido.

O modo como você está procedendo é perfeitamente bom. O testemunho é o caminho e você está começando a sentir um momento sem pensamentos de vez em quando. Esses são lampejos da não-mente, ainda que durem apenas um momento.

Lembre-se de uma lei fundamental: o que pode existir por apenas um momento também pode tornar-se eterno, porque você recebe sempre um único momento, não dois momentos juntos. Se for capaz de transformar um momento em um estado sem pensamentos, estará aprendendo o segredo. Então não haverá obstáculo que você não possa vencer. O segundo momento também virá sozinho, com o mesmo potencial e a mesma capacidade.

Se conhecer o segredo, terá a chave mestra que pode abrir cada momento e convertê-lo em um vislumbre da não-mente. A não-mente é a etapa final, quando a mente desaparece para sempre e o intervalo sem pensamentos se torna a sua realidade intrínseca. Se esses poucos vislumbres se manifestarem, é sinal de que você está no caminho certo, usando o método certo.

Mas não seja impaciente.

Uma vez alcançado o estado da não-mente, nada poderá distraí-lo do seu ser. Não existe poder maior que o da não-mente. Nada de mal pode lhe ocorrer. Fixações, ganância, inveja, raiva, nada o atinge. A não-mente é como um céu absolutamente puro e sem nuvens.

Você pergunta: "De que maneira a observação conduz à não-mente?" Existe uma lei intrínseca: os pensamentos não têm vida própria. Eles são parasitas. Eles se mantêm graças à sua identificação com eles. Quando você diz "Estou com raiva", está colocando energia vital na raiva, porque está se identificando com a raiva.

Mas, se disser "Estou observando os lampejos de raiva que aparecem dentro de mim", então não está dando nenhuma vida, nenhuma energia para a raiva. Você é capaz de vê-la porque não está se identificando. A raiva é absolutamente impotente, não tem nenhuma influência sobre você, não o afeta. É absolutamente oca e inerte. Depois que passa, deixa o céu limpo e a mente vazia.

Lentamente, você começa a se afastar dos seus pensamentos. É nisso que consiste todo o processo de testemunhar e observar. Em outras palavras, George Gurdjieff costumava chamar isso de "não-identificação". Você não se identifica mais com os seus pensamentos. Está simplesmente separado e distante, indiferente, como se fossem os pensamentos de outra pessoa. Você rompeu as suas ligações com eles. Só assim poderá observá-los.

Observar requer uma certa distância. Se você se identifica, a distância desaparece, eles estão muito próximos. É como se você aproximasse demais os seus olhos do espelho: assim não será capaz de ver o seu rosto. É preciso manter uma certa distância para que possa ver o seu rosto no espelho.

Se os pensamentos estiverem muito próximos, você não poderá observá-los, pois ficará influenciado por eles. A raiva o deixa irado, a ganância torna-o ambicioso, a luxúria o faz lascivo porque não existe distância. Os pensamentos estão tão próximos que você tende a pensar que você e os seus pensamentos são uma coisa só.

A observação acaba com essa união e cria uma separação. Quanto mais você observa, maior é a distância; quanto maior a distância, menos energia os seus pensamentos recebem. Eles não têm nenhuma outra fonte de onde tirar energia.

Em pouco tempo começam a morrer, a desaparecer. Nesses momentos em que eles desaparecem surgem os primeiros vislumbres da não-mente – assim como está experimentando agora. Você diz: "Sou cada vez mais capaz de observar o meu corpo, os meus pensamentos, os meus sentimentos e sensações, e isso parece bonito." Isso é só o começo. Até mesmo o começo é imensamente bonito. O simples fato de estar no caminho certo, mesmo sem ter dado um único passo, dá-lhe uma imensa alegria sem nenhuma razão especial.

E assim que você começa a andar no caminho certo, a sua felicidade e a sua sensação do belo irão se aprofundar cada vez mais, alargando-se cada vez mais com novas nuanças, novas flores, novas fragrâncias.

Você diz: "Mas os momentos de ausência de pensamentos são poucos e espaçados." Essa é uma grande conquista, porque as pessoas não conhecem sequer um único intervalo. Os pensamentos delas estão sempre no horário do *rush*. O que você chama de sonhos nada mais são que pensamentos na forma de imagens, porque o inconsciente não conhece linguagens alfabéticas.

O que você está sentindo é um grande sinal de que está no caminho certo. É uma dúvida que sempre ocorre àquele que procura é se está seguindo na direção correta ou não. Não existe nenhuma segurança, nenhuma garantia. Todas as dimensões estão abertas: como escolher a certa?

Esses são os caminhos e o critério de como se deve escolher. Se você tomar um caminho, uma metodologia, e ela lhe der alegria, aumentar a sua sensibilidade, a sua capacidade de observação, e lhe proporcionar uma imensa sensação de bem-estar, basta esse critério para lhe indicar que tomou o caminho certo. Se ficar mais infeliz, sentir-se mais irado, mais egoísta, mais ganancioso, tudo isso indica que você está no caminho errado.

No caminho certo, a sua felicidade aumenta a cada dia, cada vez mais. E as suas experiências com belas sensações ficarão imensamente psicodélicas, mais coloridas, com cores que você nunca viu no mundo, fragrâncias que nunca sentiu no mundo. Então você pode seguir pelo caminho sem nenhum temor de que possa estar errado.

Essas experiências interiores irão mantê-lo sempre no caminho certo. Apenas observe se estão aumentando, pois isso significa que você está avançando. Agora você tem apenas alguns momentos de ausência de pensamentos. Isso não é algo fácil de conseguir, é uma grande conquista, porque durante a vida inteira as pessoas não conhecem sequer um único momento em que não haja nenhum pensamento. Esses intervalos irão aumentar. Conforme for se tornando mais centrado, mais observador, esses intervalos começarão a ficar maiores e não está muito distante o dia em que você avançará sem olhar para trás, sem se perder no caminho. Se mantiver a direção correta, não estará longe o dia em que você sentirá, pela primeira vez, que os intervalos ficaram tão grandes que passam-se horas sem que haja um único pensamento sequer. Você já estará tendo experiências maiores da não-mente.

A maior conquista será quando você estiver envolvido pela não-mente durante 24 horas. Isso não significa que não possa usar a sua mente. Isso é uma falácia proposta por aqueles que não sabem nada sobre a não-mente.

Não-mente não quer dizer que não se possa usar a mente. Significa apenas que a mente não pode usá-lo. Não-mente não quer dizer que a mente é destruída. Não-mente significa que a mente é posta de lado. Você pode colocá-la em ação sempre que precisar se comunicar com o mundo: ela será a sua serva. Neste momento, contudo, ela manda em você. Mesmo sentado, sozinho, ela continua: blablablá, blablablá, e você não pode fazer nada.

Não-mente simplesmente significa que a mente foi posta no seu devido lugar. Como um servo, é um ótimo instrumento. Como um senhor, é muito infeliz e perigosa. Pode destruir a sua vida inteira.

A mente é só um meio a ser usado quando você quiser se comunicar com os outros. Porém, quando estiver sozinho, não há necessidade da mente. Toda vez que quiser usá-la, você poderá usá-la. Lembre-se de mais uma coisa: quando a mente permanece calada durante horas, ela se revigora, fica mais jovem, mais criativa, mais sensível, rejuvenescida com o descanso.

A mente de uma pessoa normal começa a funcionar por volta dos três ou quatro anos de idade e mantém-se em atividade por 70, 80 anos, sem repouso. Naturalmente, essas pessoas não conseguem ser muito criativas. Elas se sentem esgotadas e se cansam de tanto lixo. Milhões de pessoas no mundo todo vivem sem nenhuma criatividade. E a criatividade é uma das experiências mais felizes. Mas a mente dessas pessoas se cansa demais. Elas não se permitem o estado de transbordar de energia.

O homem da não-mente mantém a mente em repouso, cheia de energia, imensamente sensível, pronta para entrar em ação no momento em que for solicitada. Não é uma coincidência que as pessoas que experimentaram a não-mente digam palavras que começam a soar com uma magia própria. Quando elas usam suas mentes, têm um carisma, uma força magnética. Têm uma tremenda espontaneidade e o frescor das gotas do orvalho da manhã antes do nascer do sol. E a mente é o meio de expressão e criatividade mais evoluído da natureza.

Portanto, o homem de meditação, ou o homem da não-mente, transforma até mesmo a sua prosa em poesia. Sem esforço algum – as suas palavras adquirem tamanha autoridade que dispensam qualquer argumento, elas se tornam os próprios argumentos. A força que carregam se torna uma verdade irrefutável. Dispensam qualquer fundamento lógico ou embasamento na literatura. As palavras de um homem da não-mente têm uma certeza intrínseca sobre si mesmas. E, se você estiver pronto para receber e escutar, sentirá a sua força no coração: a verdade irrefutável.

Você diz: "Quando ouço você dizer que 'meditação é testemunho', sinto que entendo. Mas, quando você fala sobre a 'não-mente', parece algo difícil." Como poderia parecer fácil? Isso depende do futuro. A meditação que você começou pode estar nos estágios iniciais, mas você tem uma certa experiência com ela que permite que você me entenda. Se for capaz de entender a meditação, não se preocupe. A meditação seguramente leva à não-mente, assim como todo rio corre para o mar sem precisar de um mapa nem de guias.

Todo rio, sem exceção, acaba chegando ao mar. Toda meditação, sem exceção, acaba chegando ao estado de não-mente.

Naturalmente, quando o Ganges está no Himalaia vagando entre as montanhas e os vales, não faz nenhuma idéia do que vem a ser o mar, não pode conceber a existência do mar. Ainda assim está correndo para o mar porque a água tem a capacidade intrínseca de sempre encontrar o ponto mais baixo e os mares são o ponto mais baixo. Portanto, os rios nascem nos pontos altos do Himalaia e começam a correr para os pontos mais baixos, até encontrar o mar.

O processo da meditação é exatamente o inverso – ela corre para cima em busca dos picos mais altos. E o pico supremo é a não-mente. A não-mente é uma simples palavra, mas significa exatamente iluminação, liberação, liberdade de toda escravidão, a sensação de imortalidade e eternidade.

Essas são palavras grandiosas e não quero que se assuste. Portanto, uso uma palavra simples: não-mente. Você conhece a mente e pode conceber um estado em que sua mente não esteja funcionando.

Quando sua mente não estiver funcionando, você se torna parte da mente do cosmos, a mente universal. Quando você faz parte da mente universal, a sua mente individual funciona como um escravo perfeito. Ela reconhece o senhor. E traz notícias da mente universal para aqueles que ainda estão agrilhoados pela mente individual. Quando eu falo com você, na verdade é o universo que me usa. As minhas palavras não são minhas. Elas pertencem à verdade universal. Essa é a sua força, esse é o seu carisma, essa é a sua magia.

Testemunhar é o bastante

Eu sempre ouvi você dizer: "Pare de agir. Observe."

Várias vezes, recentemente, você disse que a mente deve ser a nossa serva, em vez de ser a nossa senhora. Parece que não se deve fazer nada além de observar. Mas fica a pergunta: há alguma coisa a ser feita com essa serva rebelde além de observar?

Não há mais nada a fazer com essa serva rebelde além de observar. Aparentemente, talvez seja uma solução simples demais para um problema tão complexo. Mas isso faz parte dos mistérios da existência. Por mais complexo que seja o problema, às vezes a solução pode ser muito simples.

Observar, testemunhar, estar consciente parecem ser palavras simples para resolver toda a complexidade da mente. Milhões de anos de herança, tradição, condicionamento, preconceito, como tudo isso pode desaparecer apenas por meio da observação? Ainda assim, tudo desaparece.

Como costumava dizer o Buda Gautama, se as luzes da casa estiverem acesas, os ladrões não se aproximam – sabem que o dono está acordado, por causa da luz que aparece nas janelas. Não é a hora de entrar na casa. Quando as luzes estão apagadas, os ladrões são atraídos para a casa. A escuridão se torna um convite. Como costumava dizer o Buda Gautama, é a mesma situação dos seus pensamentos, idéias, sonhos, ansiedades, da sua mente como um todo.

Se a testemunha está presente, ela é como a luz. Os ladrões se dispersam. Por outro lado, se os ladrões acham que não há testemunha, eles começam a chamar os irmãos, os primos e todo o resto, dizendo: "Vamos entrar." É um fenômeno simples como a luz. No momento em que você acende a luz, a escuridão desaparece. Você não pergunta: "A luz é suficiente para a escuridão desaparecer?" Ou: "Quando acendemos a luz, precisamos fazer alguma coisa mais para a escuridão desaparecer?"

Não, a presença da luz já significa a ausência da escuridão e a ausência da luz é a presença da escuridão. A presença da testemunha representa a ausência da mente e a ausência da testemunha é a presença da mente.

Portanto, no momento em que você começar a observar, lentamente, bem lentamente, conforme o observador ficar mais forte, a sua mente ficará mais fraca. No momento em que perceber que o observador está maduro, a mente se submeterá imediatamente como uma perfeita serva. Isso é um mecanismo. Quando o senhor chega, ele pode usar a máquina. Se o senhor não está presente ou está adormecido, então a máquina continua a resolver as coisas, fazendo tudo por conta própria. Não há ninguém para lhe dar ordens, não há ninguém para lhe dizer: "Agora, pare. Faça aquilo." Então a mente se convence, lentamente, de que é ela quem manda e, por milhares de anos, continua mandando em você.

Portanto, quando você tenta ser uma testemunha, a mente resiste, porque para ela é uma questão de sobrevivência. Ela se esqueceu completamente de que é só a sua serva. Você esteve ausente por tanto tempo – ela não o reconhece. Daí a luta entre a testemunha e os pensamentos. Mas a vitória final acabará sendo sua, porque tanto a natureza quanto a existência desejam que você seja o senhor e a mente seja a sua serva. Só então as coisas estarão em harmonia. Só então a mente não poderá ir mal. Tudo estará existencialmente tranqüilo, silencioso, fluindo para o seu destino.

Você não precisa fazer nada além de observar.

A mente se acostumou a ser a senhora. Levará algum tempo para fazê-la cair em si. Testemunhar é o bastante. É um processo muito silencioso, mas as conseqüências são incríveis. Nenhum outro método pode ser melhor que testemunhar no que diz respeito a dispersar a escuridão da mente. Na verdade, existem 112 métodos de meditação. Eu passei por todos esses métodos na prática. Levei anos em cada método até descobrir a sua essência.

E, depois de passar pelos 112 métodos, fiquei impressionado ao saber que a essência é testemunhar. Os métodos variam na aparência, mas no fundo todos se resumem a testemunhar.

Por isso tudo, eu posso dizer: só existe uma meditação no mundo inteiro e ela é a arte de testemunhar. Ela realizará tudo – toda a transformação do seu ser – e abrirá as portas de *Satyam, Shivam, Sundram:* a verdade, a essência divina e a beleza de tudo.

CONHEÇA OS CDs QUE AJUDAM A PRÁTICA DAS MEDITAÇÕES ATIVAS DE OSHO CITADAS NESTE LIVRO

OSHO – CDS DE MÚSICA PARA MEDITAÇÃO ATIVA

Cada uma das meditações ativas é acompanhada por música composta sob a orientação de Osho. A música sinaliza o começo de cada etapa dessas meditações. Para detalhes sobre como adquirir os CDs, consulte www.osho.com/shop ou o site da gravadora na web. Os CDs incluem também vídeos de instrução em formato Mpeg, compatível com a maioria dos computadores.

OSHO – MEDITAÇÃO DINÂMICA

Uma meditação energética para as manhãs que libera a respiração, o corpo e as energias interiores, seguida por uma fase de testemunho e dança.

Código do CD: NE9002

Gravadora: New Earth Records – www.newearthrecords.com

OSHO – MEDITAÇÃO KUNDALINI

Uma meditação popular para ser praticada à noite. Inclui um relaxamento para o corpo, seguida por uma fase de testemunho e descanso.

Código do CD: NE9003

Gravadora: New Earth Records – www.newearthrecords.com

OSHO – MEDITAÇÃO NATARAJ

Uma meditação com dança, seguida de relaxamento e celebração para libertar o espírito. Nataraj é a dança como meditação total.

Código do CD: NE9203

Gravadora: New Earth Records – www.newearthrecords.com

OSHO – MEDITAÇÃO NADABRAHMA

Uma meditação baseada em antigas técnicas tibetanas que possui um primeiro estágio no qual se murmura o som "hum" para atingir o estado de testemunho, seguido por movimentos fluidos e circulares das mãos, terminando em um período de imobilidade para centrar sua energia.

Código do CD: NE9202P

Gravadora: New Earth Records – www.newearthrecords.com

OSHO – MEDITAÇÃO GOURISHANKAR

Esta meditação tem quatro partes. Inclui uma técnica de respiração, uma etapa de testemunho, outra de desapego e relaxamento, terminando com um período de repouso que leva o praticante a um estado de abertura e paz.

Código do CD: NE9902-2

Gravadora: New Earth Records – www.newearthrecords.com

OSHO – MEDITAÇÃO EM RODOPIO

Elaborada a partir de uma antiga técnica sufi, esta meditação ativa se baseia no rodopio e no testemunho. Enquanto todo o corpo se move, o centro permanece imóvel e silencioso.

Código do CD: NE9902-2

Gravadora: New Earth Records – www.newearthrecords.com

OSHO – MEDITAÇÃO DA RESPIRAÇÃO DOS CHACRAS

Esta meditação abre e fortalece o ser, conduzindo o praticante em uma técnica de respiração através dos sete chacras. Ela termina com uma etapa de testemunho.

Código do CD: NE9201

Gravadora: New Earth Records – www.newearthrecords.com

OSHO – MEDITAÇÃO SEM DIMENSÕES

Uma dança com padrões para centramento cresce em intensidade, sendo seguida por rodopios e repouso. Essa prática é baseada nos movimentos de Gurdjieff e nos rodopios dos dervixes.

Código do CD: NE9902-2

Gravadora: New Earth Records – www.newearthrecords.com

OSHO – MEDITAÇÃO DOS SONS DOS CHACRAS

Ao vocalizar em harmonia com os sete chacras, seguido de uma fase de testemunho, essa técnica conduz ao equilíbrio da força interior.

Código do CD: NE9307

Gravadora: New Earth Records – www.newearthrecords.com

OSHO – MEDITAÇÃO DA MANDALA

Usando o corpo como uma mandala, essa técnica cria um círculo de energia que resulta em uma centragem natural. Ela se divide em quatro estágios: respiração, centragem, terceiro olho e testemunho.

Código do CD: NE9801

Gravadora: New Earth Records – www.newearthrecords.com

INFORMAÇÕES SOBRE OS PRÓXIMOS LANÇAMENTOS

Para receber informações sobre os lançamentos da Editora Sextante, basta enviar um e-mail para atendimento@esextante.com.br ou cadastrar-se diretamente no site www.sextante.com.br

Para saber mais sobre nossos títulos e autores, e enviar seus comentários sobre este livro, visite o nosso site: www.sextante.com.br

Editora Sextante
Rua Voluntários da Pátria, 45 / 1.404 – Botafogo
Rio de Janeiro – RJ – 22270-000 – Brasil
Telefone: (21) 2286-9944 – Fax: (21) 2286-9244
E-mail: atendimento@esextante.com.br